과학의 양심,
천안함을 추적하다

과학의 양심,

물리학자 이승헌의 사건 리포트

MAR.26.2010

천안함을 추적하다

창비

나의 학업을 위해 온갖 노고를 마다하지 않으셨던
부모님께 이 글을 바친다.

일개 과학자가 왜 천안함 이슈에 연관되었는가. 그것은 민군 합동조사단이 북한의 잠수함 어뢰가 천안함을 침몰시켰다며 내세웠던 이른바 '과학적' 증거들 때문이다. 어뢰가 폭발했다면 상식적으로 납득할 수 있는 증거들, 즉 쏘나(sonar) 신호와 물기둥에 대한 증거들이 없으니, 합조단은 어뢰 잔해의 '1번' 글씨와 흡착물질 분석 데이터라는 두가지 '과학적' 증거를 내세운 것이다. 그렇다면 그 증거들은 과연 과학적인가.

과학을 연구하는 학자로서의 간단한 문제제기로 시작된 다섯달 가량의 여정 동안 나는 과학의 존엄성을 지키는 데서 생겨나는 문제뿐 아니라 한국사회 전반에 걸친, 특히 정치와 언론·학계에 걸쳐 있는 문제들을 일부나마 겪게 되었다. 남북관계, 국제외교, 한국내 보수진영의 실체, 우리 시민사회의 성숙도 등을 접할 수 있는 기회이기도 했다.

천안함사건은 단순히 한척의 군함이 침몰한 군사적 사건에 그치지 않는, 우리 사회의 모든 문제점들이 얽히고설켜서 형성된 단면을 보여주는 종합적 사건이다. 따라서 천안함사건의 진실을 규명하는 작업은 이 사회 전반의 문제점들을 조금이나마 의미있게 해결할 수 있는 출발점이자 핵심고리가 되어버렸다. 또한 이번 사건을 겪으면서 과학은 사회적으로 어떤 일을 할 수 있으며 해야 하는가를, 다시 말해 과학의 사회적 역할과 책임에 대해 돌아보게 되었다. 그리고 한국의 과학계에 질문도 던져보고 나름의 희망도 갖게 되었다.

이 사건 전개의 한복판에 서 있었던 한 사람으로서 겪었던 일을 가감없이 기록함으로써 한국사회가 더욱 성숙해지는 데 일조하고자 하는 것이 이 글을 쓰게 된 동기다. 모든 일들이 잊혀져 역사의 이면으로 사라지기 전에 가능한 한 있었던 일을 그대로 적으려 한다. 이 글에 등장하는 일부 사람들의 이름은 그분들에게 끼칠지도 모를 불이익을 되도록 피하기 위해 머릿글자로 대체하였다.

이 글은 서재정 교수와 내가 토오꾜오에 소재한 일본외신기자클럽(FCCJ)에서의 기자회견을 마친 후, 그러니까 내가 과학자로서 합조단의 '과학적' 증거들의 허구성을 밝히고 한국과 세계 언론에 그 결과를 알리는 일을 일단락지은 2010년 7월 중순경부터 쓰기 시작했다. 그때부터 나는 매일 일기를 써가며, 특히 이 사건에 연루되기 시작한 5월말경부터 관계자들과 주고받았던 이메일을 다시 꺼내보며 그것을 바탕으로 일기를 재구성했다.

처음에는 토오꾜오대학 체류를 마치고 미국으로 돌아가게 되는 8월 중순까지, 그때까지의 나의 일정을 과학자의 시각에 기반하여 기록하면 되리라는 가벼운 마음이었다. 하지만 그후 천안함사건과 관련된 여러 일이 뒤따르면서 나의 예상은 빗나갔고, 결국 10월 중순까지 5개월여에 걸쳐 한 사람의 과학자로서 또한 한 사람의 한국인으로서 진상을 규명해보고자 한, 하나의 사건 리포트를 완성하게 되었다.

딱딱한 과학논문만을 쓰던 내가 일반 독자들을 대상으로 쓴 이 글은 문학적으로 보면 매우 미흡하다. 이 부족한 글이 세상에 나오게 된 것은 순전히 백낙청 교수님의 격려 덕택이다. 7월말경 어느정도 분량의 글을 쓴 후, 일면식도 없던 백낙청 교수님께 무턱대고 이메일을 보내 며칠의 기록을 보내드리며 일독하고 조언을 해주시기를 요청드린 적이 있다. 너무 기쁘게도 곧바로 백교수님은 매우 따뜻하고 과분한 격려의 말씀으로 나의 기록행위를 독려해주셨다. 이 점 깊이 감사드린다. 더불어 원고를 가다듬어준 창비의 염종선 부장, 그리고 바쁘신 와중에도 대담에 나와주신 이필렬 교수께도 감사드린다.

독자들께서 이 책을 읽으면 아시겠지만, 천안함사건의 진실을 찾아가는 데에는 수많은 사람들의 노력이 이어졌고 앞으로도 그러할 것이다. 여기에 그 모든 분들의 이름을 나열할 수는 없지만 가장 먼저, 일종의 '천안함조사 민간전문가팀'의 멤버인 서재정 교수, 박선원 박사, 양판석 박사께 함께 연구하며 보낸 시간들이 매우 즐거웠다는 말씀과 더불어 심심한 감사의 뜻을 전하고 싶다. 또한 처음 이 작업을 시작할 때부터 촌각을 다투며 잠도 잊고 진행했던 연구를 옆에서 묵묵히 지키고 도와주었던, 나의 또 한사람의 동지 L군에게 매우 감사드린다. L군의 과학적이며 심적인 조언이 없었다면 천안함사건에 대한 나의 활동은 무척 제약받았으리라 생각한다.

이 일로 정보를 주고받았던 정치인, 기자, 수많은 네티즌들에 대한 감사는 이 글 곳곳에서 그분들의 이름과 활약을 언급하는 것으로 대신하겠다. 특히 내게 많은 아이디어를 전해준 과학·공학자들의 격려가 남달랐다는 점은 여기서 밝혀두고자 한다. 또한 올해 여름방학 동안의 토오꾜오대학 연구소 체류를 주선하고 나의 모든 활동을 진정한 우정으로 격려해준 사또오 타꾸 교수를 비롯한 일본인과 한국인 선생님들께 깊이 감사를 드린다.

끝으로 자신도 바쁜 와중에도 나의 잦은 출장을 이해해주고 한결같은 미소로 격려해준 아내, 웃음과 투정으로 날 항상 기쁘게 하는 나의 딸과 아들에게 사랑을 전한다. 나의 부모님, 형제, 조카 들에게도 이 책이 작은 기쁨이 되길 바란다.

2010년 11월 미국 버지니아주 샬로츠빌에서
이승헌

Wall (large grains), (Al₂O₃ oxide green) i) Al 300 mesh 99.99% typical grain size 50

Al₂O₃
0.27149g
⟶ M(Al₂O₃) = 0.72
  M(Nₐu)   0.28
⊂ Valₐ₀

Molar ratio
⇒ M(Al₂O₃) = 0.72
   M(Nₐu) = 0.28

X-ray result

X-ray

Nahtu
to Vacuum

ii) Al powder drop Aceton   in Lösstropn a minute
Aceton evaporates

Tiop

löslic

CH   No Heating

each Al remain
and attached
to the glass
plate
∅ pla

about t~
0.4 sec

iii) Al powder in Quartz tube
⟶ put in a horizontal furnace

X-ray with Cu   cos20 ≤ 20.
file: SW3/al3

SiO₂
glass vacuum glass

0.15µm

remainstel to gether
via Al₂O₃

Wall

Al₂O₃
mixture

washing
Ebs   Al 5p919   sample
                     I
          sample
          II

c-tape
disk

started at ~ 310 µm
reached at 1100°C ~ 7.15 µm.
Took out and quenched ~ 7 ≈ 50 µm

file: SW3

차례

| 일러두기 |

3쇄 출간에 맞춰 사건에 관한 새로운 사실 등을 담은 「후기」를 추가 수록했다.

2010년 7월 12일 (월)

오전 내내 들뜬 마음에 허둥대다가 점심시간쯤 토오꾜오 나리따 공항에 마중을 나갔다. 오늘은 가족들이 미국에서 일본으로 오는 날이다. 버스 시간이 맞지 않아 나는 비행기 도착시간보다 30분이나 늦게 공항에 닿았다. 버스에서 내려 허겁지겁 승객들이 나오는 곳으로 뛰다시피 걸었다. 출구가 저만치서 보이기 시작했다.

입국수속을 받고 짐을 찾는 데 시간이 걸리겠지라는 기대 섞인 예상을 했다. 그런데 웬걸, 하얀색 블라우스와 베이지색 스커트를 입은 그리스계의 아내가 벌써 저 멀리 눈에 띄었다. 아이고, 비행기가 예정보다 빨리 도착했나 보다. 아내는 두개의 커다란 짐이 실린 카트 옆에서 두살 먹은 아들을 안고 있었다. 일곱살 먹은 딸은 옆에 서 있었다. 나는 뛰기 시작하며 손을 흔들었다. 멀리서 딸이 날 보고 함박웃음을 지으며 달려왔다. 번쩍 안아올렸다가 꼭 껴안았다. 두달 만에 보는 나의 딸.

"내 사랑, 보고 싶었어."

"나두 아빠."

딸이 날 꼭 껴안았다. 캘리포니아에서 3주 동안 머물면서 거의 매일 해수욕장에 다녔다더니, 딸의 얼굴이 아주 새까맣게 타 있었다. 그리웠던 딸이 내 귓속에 재잘거리는 소리를 들으며 딸을 껴안고 미안한 마음에 활짝 웃으며 아내가 있는 곳으로 다가갔다. 아들을 안고 있는 아내의 다소 화난 표정이 보였다. 아들이 환한 웃음을 지으며 "다다(아빠)"를 연발했다. 이젠 말도 하고, 그동안 많이 컸구나. 딸을 내려놓고 아들을 번쩍 들어올려 꼭 껴안았다.

"왜 이리 늦었어. 얼마나 걱정했는데…… 한국 정보부에서 잡아가지 않았나 별별 생각이 다 들었잖아."

아내가 말했다. 연거푸 늦어서 미안하다는 말을 하며, 버스표 사는 곳으로 갔다. 한국 정보부라…… 그럴 가능성은 없었겠지만, 사실 나도 겁이 많아 지난 2개월 동안 가끔은 그런 막연한 두려움이 들곤 했다. 이 모든 일을 이해하려면 두달 전쯤으로 돌아가야 한다.

생각해보면 어떻게 흘러왔는지도 모르게 후딱 지나가버린 날들. 평범한 물리학자에 불과했던 나는 나도 모르는 사이에 그 거대한 사건에 휘말리게 되었고 뭔지 모를 열정에 휩싸여서 동분서주하며 그 시간들을 보내왔다.

제1장

천안함사건과 부닥치다

2010년 5월 10일 (월) ~ 20일 (목)

토오꾜오대학(東京大學)의 한 연구소에 초빙교수로 초청을 받아 올 여름방학을 보내기로 했다. 매년 여름방학에 최소 한 두 달은 일본에 있는 대학에 초청을 받아 연구를 하며 지내곤 했다. 작년까지 4년 동안은 줄곧 나의 15년 지기이자 공동연구자인 친구가 교수로 재직중인 토오호꾸대학(東北大學)을 방문했었다. 올해는 10년 넘게 절친하게 지내온 친구 사또오 타꾸(佐藤卓) 교수가 소속한 토오꾜오대학에 초빙을 받게 되었다. 나는 석달이 조금 넘게 토오꾜오 근처에서 아파트를 빌려 지내게 되었다. 그러고 보니, 나는 한국보다는 일본에 친구들과 공동연구자들이 많다.

　내가 전공하는 엑스레이나 중성자 산란을 이용한 고체물리 연구가 한국보다 일본에서 훨씬 활발하기 때문일 것이다. 나는 버지니아대학에 교수로 가기 전에 미국 국립표준연구소(National Institute of Standards and Technology)에서 10년 정도 근무했는데, 그때 일본에서 오는 연구자들이 많았고 그들의 연구도 꽤 도와주었다. 그때 쌓인 인맥이 일본에 있고 지금도 몇몇 그룹과는 꾸준히 공동연구를 하고 있다.

　이번에 방문한 토오꾜오대 연구소는 고체물리 분야에서는 세계적으로 손꼽히는 연구소다. 연구소에는 나와 오랫동안 공동연구를 해온 교수들도 몇몇 있는데 특히 나의 절친한 친구 사또오 교수가 나의 초빙교수직을 지난 겨울에 준비해놓았던 것이다.

　버지니아대학에서 학기가 끝나자마자, 여름방학 동안 일본에서 많은 연구를 하리라는 기대와 함께, 내 그룹에 있는 박사과정 학생 L군과 함께 토오꾜오대 연구소로 왔다. 도착한 후 이틀째 되는 날 사또오 교수와 나, 그리고 L군은 토오까이(東海)라는 조그만 도시에 있는 연구소에 같이 실험을 하러 갔다. 일주일쯤 그곳에서 실험을 하고는 5월 20일 한국으로 향했다. 한국에 들렀다가 홍콩을 방문하기 위해서였다. 한국행 비행기를 탈 때만 해도 내가 천안함사건에 연루되리라고는 꿈에도 생각지 못했다.

5월 20일 (목) ~ 25일 (화)

토오꾜오에서 한국을 들른 이유는 포항에서 열리는 한 학술
대회에 참가하기 위해서였다. 서울에서 포항으로 이동하던 중
라디오에서 나오는 천안함 침몰사건에 관한 민군합동조사단의
발표를 잠깐 들었다.

백령도 해상에서 천안함이 침몰한 3월 말에 나는 미국에 있
었다. 하지만 빠듯한 일정에 매여 수업하랴 연구하랴 너무 바
빠서 별로 신경을 쓸 수 없었고, 집에는 텔레비전이 없어서 뉴
스도 잘 보지 못했다. 일본에 있을 때도 간혹 뉴스를 통해 듣기
는 했지만 별달리 관심을 갖지 못했다. 나에게 천안함사건은
그렇게 잊혀지고 있었던 터였다.

동료 연구자들과 저녁을 먹은 후 다음날에 있을 발표를 준비
하느라 거의 밤을 새웠다. 다음날 발표를 무사히 마치고, 전라
북도 익산에 있는 고향집으로 부모님을 뵈러 갔다. 작년에 이
어 부모님과는 1년 만의 재회였다.

저녁 7시 뉴스에 다시 합조단 발표 이야기가 나왔다. 아버님
이 "북한이 자기들이 했으면 했다고 할 텐데, 이번에는 저렇게
안했다고 하니, 참 누가 했는지 알다가도 모를 일이다"라고 말
씀하시는 걸 들으며 나는 내 귀를 의심했다. 평소에 반공 보수
에 철저하시던 아버님께서 그런 말씀을 다 하시다니, 아버님이
변하신 건가 아니면 합조단 발표가 그토록 믿음직하지 못한 건

가. 하지만 대화는 더이상 이어지지 않았다.

일년에 한번씩 한국을 방문할 때마다 연로하신 부모님을 모시고 여기저기 며칠씩 여행을 다니는데, 이번에는 체류기간도 짧고 해서 가까운 곳을 들르기로 했다. 나는 집에서 차를 몰아 두시간 내에 도착할 수 있는 절과 그 근처의 호텔을 알아보느라 정신이 없다가 부모님께서 좋아하실 온천탕이 있는 한 호텔을 찾아냈다.

다음날, 아침에 일어나 조카의 자동차를 빌려 부모님을 모시고 운전을 했다. 가는 날이 장날이라고 추적추적 비가 내리기 시작했다. 절이 소재한 도시에 도착하여 내비게이션을 따라 갔더니 영 딴 절이 나왔다. 그 근처 골프연습장에서 나오는 한 중년남자에게 우리가 찾는 절이 어디 있냐고 묻자, 내비게이션 보고 왔냐며 물었다. 내비게이션에 잘못된 정보가 들어 있어서 나 같은 사람을 많이 본다는 것이다.

그가 일러준 대로 길을 가며, 기계를 너무 믿으면 안된다고 부모님과 농담을 하면서 그 절로 갔다. 한바퀴 둘러보고 절에 딸려 있는 책방 겸 찻집에 들렀다. 차를 시키니, 가게를 보던 보살님이 오늘은 차를 준비하지 않았다고 했다. 그러나 이내 부모님을 보고는 어른들과 같이 왔으니 당신들이 마시려고 준비한 차라도 대접하겠다며 자리에 앉으라 했다.

한참 있다 차가 나왔다. 지금은 이름을 잊었지만 아주 향기롭고 맛이 좋은 열매로 만든 보약 차였다. 부모님께서 흡족해

하셨다. 보살님께 감사를 드리고 책을 사드려 보답할까 하고 무슨 책들이 있나 둘러보았다. 눈에 띄는 대로, 법정스님이 쓴 책 두권과 리영희 선생님의 자서전 『대화』를 샀다. 그후 한달 넘게, 보살님의 친절함이 이끈 그 책들이, 나에게 심적으로 큰 힘이 되어줄 줄은 그때는 몰랐다.

5월 25일 (화) ~ 28일 (금)

공동연구를 목적으로 홍콩과기대학(Hong Kong University of Science and Technology)을 방문하기 위해 비행기를 탔다. 처음으로 밟아보는 홍콩 땅. 공항에 내려 열차를 두번 갈아타며 과기대 근처 역까지 왔다. 홍콩에 대한 첫인상은 도시가 모던하고 깨끗하다는 것. 캠퍼스 내 숙소에 짐을 풀고 물리과 학과장 N교수를 찾아가니 창밖으로 바다가 보이는 연구실을 내주었다. 거기에 며칠을 묵으며 학과장을 비롯한 다른 한 교수와 그들 학생들과 더불어 매일 공동연구 주제에 대해 토론했다.

일과가 끝나면 저녁마다 혼자 있게 되었다. 별로 할 일이 없어 한국 신문들을 인터넷에서 훑어보는데 조선, 중앙, 동아일보에서는 매일 대문짝만하게 북한에 대한 강경한 논조를 펴고 있었다. 천안함사건 때문이었다. 곧 전쟁이 날 것만 같았다.

한겨레, 경향신문은 거의 숨을 죽이고 있었다. 간간이 박선원(朴善源, 브루킹스연구소 초빙연구원), 신상철(申祥喆, 서프라이즈 대표), 이종인(李鍾仁, 알파잠수기술공사 대표) 같은 분들이 합조단 발표에 의문점을 제기한다는 기사가 눈에 띄었을 뿐이다.

하루는 『오마이뉴스』에서 도올 김용옥 선생이 명진 스님이 계신 절에 가서 한 격정적인 강연을 보았다. 청중을 휘어잡는 게 역시 도올 선생다웠다. 헌데 며칠도 안되어, 한 우익단체에서 바로 그 강연을 이유로 그를 고소했다는 기사가 나왔다. 참 어이가 없었다. 헌법에 명시된 "대한민국은 민주공화국이다"라는 정신이 언제 실종되었나라는 생각이 들었다.

국회 천안함 특별위원회에서 민주노동당 이정희(李正姬) 의원이 100m 가량의 물기둥이 없었음을 집중적으로 파고들며 김태영(金泰榮) 국방장관을 추궁하는 것도 보았다. 참 당찬 의원이란 느낌이었다. 그날 저녁, 아내와 인터넷전화로 통화를 하면서 문득 나이아가라 폭포의 높이가 얼마나 될까 하는 생각이 들었다. 구글에서 높이를 검색해보니 50m밖에 되지 않았다. 전에 그 폭포에 가서 배를 타고 폭포 아래의 40~50m 부근에도 못 미쳤을 때, 당시 비옷을 입고 있었음에도 노출된 옷이 홀딱 젖었던 기억이 났다. 만약 100m 물기둥이 있었다면 그 현장에 있었다는 견시병들은 오죽했을까. 그런데 두명 중 한명의 얼굴에만 물방울이 튀었다니, 기가 막혀 웃음이 절로 나왔다.

그러던 어느날엔가 『프레시안』에서 내가 평소 친분이 있는 존스홉킨스대학 서재정(徐載晶) 교수의 글을 보았다. 천안함의 절단된 단면을 근거로 합조단의 발표에 의문점을 제기하는 글이었다. 서재정 교수는 한반도 정세에 관한 글을 주로『프레시안』에 발표하곤 했다. 그의 글을 볼 때마다 항상 간략한 안부 이메일을 주고 받았던 터라 이번에도 나는 글을 잘 봤다는 메일을 보냈다. 곧 그의 회신이 왔다. 그런데 나의 이메일에 대한 그의 회신은 예기치 않은 절실함이 깃든 것이었다.

"격려 고맙다. 나는 벌써 공격을 받고 있다. 그러나 진실이 결국엔 이길 거라고 확신한다. 당신이 지난주에 한국에 있었으면 좋았을 텐데…… 난 지난주도 그리고 지금도 한국에 있다"라는 답장이었다.

어제 저녁에 유튜브(YouTube) 동영상에서 본 오스트레일리아 군대의 어뢰에 의한 배의 폭파실험을 떠올리며 나는 서재정 교수에게 다시 메일을 보냈다. 천안함이 어뢰 폭발로 침몰했다면 당연히 100m 가량의 물기둥이 치솟아서 선상에 있었던 두 병사가 홀딱 젖었어야 하는데 그들은 물기둥을 못 보았고 물에 젖지도 않았으니 어뢰 폭발이 있었다는 것이 이상하다, 혹시 물리학자의 의견이 필요하면 말해달라고 했다.

얼마 지나지 않아 나는 참조메일을 받았다. 서교수가 박선원 박사에게 보내는 이메일이었다. 둘 사이에서는 이미 몇차례 연락이 있었던 모양이었다.

"박선원 박사님, 어뢰 설계도와 사진 비교에 이승헌 교수님 자문을 구하는 게 어떨까요?"

흠, 합조단의 자료들을 볼 수 있겠군…… 나는 속으로 생각
했다. 예기치 못한 일이라 가슴이 조금 뛰기 시작했다.

5월 29일 (토)

토오꾜오로 돌아가기로 예정된 날이다. 허나 밤새 곰곰히 생
각해보니 이메일보다는 아무래도 직접 서재정 교수를 만나 자
료들을 보면서 이야기하는 게 더욱 효과적일 거라고 여겨졌다.
아침 일찍 일어나 서교수에게 "오늘 인천에서 내릴까요?" 하고
이메일로 물어보았다. "그래주면 너무 좋겠다. 공포 분위기 때
문에 지금 극소수 사람들만 발언하고 있다. 어떤 도움도 절실
히 필요하다"라는 답신이 즉시 왔다.
  그래 가자. 외롭게 진실을 구하려는 사람들이 날 필요로 한
다. 가자.
  "OK. 홍콩공항에서 일정을 바꾸겠음. 그리고 이메일을 보내
겠음."
  나는 메일 보내기 버튼을 클릭했다.
  오전 8시 30분. 짐을 챙겨 밖으로 나왔다. 아침이라 아직은
후텁지근하지 않고 공기가 상쾌했다. 아침 해는 높이 뜨고, 밝
고 푸른 바다는 출렁이고 있었다. 언덕을 올라와 대학 정문 앞
에서 가까운 역으로 가서 지하철을 두번 갈아탄 후 홍콩공항에

도착했다.

시간은 9시 30분. 한참이나 이른 시각. 항공사 카운터에는 아직 직원이 없었다. 한국에 들를 것인가, 아니면 그냥 일본으로 갈 것인가. 가겠다고 하긴 했지만 망설여졌다. 상대는 한국정부다. 태어나서 이런 일을 처음 해보는 거라 왈칵 두려움이 생겼다. 컴퓨터를 열었더니 무료 인터넷이 됐다. 서교수의 답장이 와 있었다. "(인천공항에) 도착하면 연락해라"라며 자신의 휴대폰 번호를 적어놓았다.

그래 가자. 다시 마음을 다졌다. 못나게도 손이 가볍게 떨렸다.

주위는 아직 사람도 별로 없이 적막했다. 시간을 보내려 인터넷에서 신문들을 뒤적이고 일어나 서성거리곤 했다. 드디어 11시가 되자 카운터에 직원들이 나오기 시작했다. 표를 바꿀 수 있을까 하는 염려와는 다르게, 소량의 벌칙금만 물리고 아주 친절하게 바꾸어주었다. 인천에 내려 움직이기 쉽게 갈아입을 속옷과 셔츠 하나만 손가방에 넣고 나머지 짐은 토오꾜오까지 부쳤다.

즉시 서교수에게 이메일을 보냈다.

"표를 바꾸었음. 도착한 후 6시 30분이나 7시경에 전화하겠음. 조금 있다 봅시다."

서서히 긴장이 몰려왔다. 황급히 이민국 출국심사를 통과하고 게이트에 가서 자리에 앉았다. 주위에 여행객들이 평화로이 앉아 있었다. 컴퓨터를 여니 서교수의 답장이 와 있었다.

"훌륭해요!"

인천공항에 도착했다.

입국 수속을 마치고 서둘러 출구로 나갔다. 휴대폰을 빌린 후 즉시 서교수에게 전화했다. "도착했어요. 어디서 볼까요?" 여의도로 가라고 했다. 박선원 박사가 전화할 거라며.

여의도행 공항버스를 타고 앉아서, 부모님과 형제들에게 여느 때처럼 전화할까 하다가 하지 않기로 했다. 걱정만 하시겠지.

잠시 후 전화가 왔다. 박선원 박사라고 했다. 단단한 목소리로 내릴 곳을 알려주고 도착하면 자신에게 전화하라 했다. 버스는 바다를 가로지르는 대교를 달렸다. 창밖으로 예전에는 물고기와 게들이 무성했을 뻘밭을 바라보았다. 돛단배 두어 척이 길을 잃고 내동댕이쳐져 있었다.

곧 빌딩 숲을 지나 번잡한 도시에 들어섰다. 버스는 한강변을 타고 가다 여의도로 들어갔다. 나는 내려서 박선원 박사에게 전화를 했다. 오른쪽으로 꺾어 걸어오라 했다. 자기가 바로 나가겠다고.

신호등 건너편에서 휴대폰을 귀에 대고 있는 한 사람이 손을 흔들어 보였다. 가만히 보니 신문에서 보았던 박선원 박사였다. 나도 손을 들었다. "안녕하십니까?" 서로 악수와 함께 통성명을 한 후 박박사가 날 근처 호텔로 데려갔다. 자신도 그 호텔에서 묵은 지 꽤 오래 되었다고 한다.

여장을 풀고 쉬고 있으니, 잠시 후 국회 천안함특위의 민주당 간사인 홍영표 의원의 보좌관이 서류뭉치를 들고 박박사와 함께 내 방에 왔다. 서교수도 오고 있다며 우선 저녁부터 먹자고 식당으로 가자고 했다.

호텔 앞 거리에서 서교수를 만났다.

"아이고, 참 안 좋은 일로만 뵙네요."

"그러게 말입니다."

서교수와는 김대중 전 대통령의 서거 후, 워싱턴 근교의 한 교회에서 열린 추모식에서 만난 후 1년쯤 만에 다시 만나는 거였다. 저녁을 먹으며 천안함에 관한 이런저런 이야기를 나누었다. 천안함 절단면 상태며 침몰지점 등의 문제점에 대한 이야기가 나왔다.

"그 1번 글씨는 어떻습니까?"

내가 그렇게 묻자 누군가 말했다.

"그것은 합조단이 온도가 얼만큼 올라가느니 어쩌니 하면서 논점을 흐리게 하니 별로 할 게 없어요."

"그래요? 그게 참 중요한 것 같은데……"

나는 그렇게 말했다. '1번' 마크는 그 어뢰가 북한제라는 중요한 근거로 제시되지 않았는가.

호텔로 다시 돌아와, 합조단이 국회 특위 의원들에게 공개한 정보들을 보았다. 번뜩 눈에 띄는 것이 있었다. 합조단이 실험했다는 엑스선회절(XRD) 데이터. 이건 그야말로 나의 전공이 아닌가. 이 실험은 쌤플에 엑스선을 쏘인 후 회절(回折,

diffraction, 파동이 장애물 뒤쪽으로 퍼져 나가는 현상)되는 패턴으로부터 샘플 안의 물질이 어떤 화학물질을 어떤 결정구조로 이루고 있는지를 알아내는 실험이다. 나는 회절 분석으로 박사학위를 받았고, 지금까지 20년 동안 이 분야에서 연구활동을 하고 있다.

엑스선회절 데이터 외에도 에너지분광(EDS) 데이터가 제시되어 있었다. EDS분석은 에너지분광기(Energy Dispersive Spectroscopy)라는 원소분석기를 이용한 실험을 말한다. 전자 빔을 샘플에 쏘이면 샘플에서 엑스레이가 나오는데 이 엑스레이의 에너지를 분석함으로써 샘플이 어떤 원소들로 구성되어 있는지를 알 수 있다.

이 두가지 분석은 물질의 성분 분석에 필요한 자료를 제공해 주므로 매우 중요하다. 그런데 합조단이 제시한 XRD데이터와 EDS데이터를 보니 첫눈에 무언가 이상하다는 생각이 들었다. 두가지 문제점이 바로 보였다.

1) XRD데이터를 보니 합조단이 자체적으로 진행한 폭발실험에서 나온 샘플의 데이터에서는, 천안함 선체와 어뢰 프로펠러의 두 샘플 데이터에는 없는, 뾰족한 피크(peak)들이 나왔다. 뾰족한 피크들은 결정의 정도가 아주 크다(결정질)는 것을 의미하고, 넓은 피크들은 결정의 정도가 작다(비결정질)는 것을 의미한다. 이런 뾰족한 피크가 보인다는 것은 폭발실험 샘플에는 다른 두 샘플에는 없는 어떤 결정질의 화학물질이 존재

함을 의미한다.

2) 천안함과 어뢰 프로펠러에서 추출한 두 쌤플의 EDS데이터와 XRD데이터를 비교하면, EDS에서는 알루미늄과 산소 씨그널이 매우 큰데, XRD에는 알루미늄 종류의 화학물에 관계된 씨그널이 없었다. 한 화학물질의 씨그널이 어떤 분석에서는 보이고 다른 분석에서는 보이지 않는 것이 이상했다.

"이상해도 아주 이상하구만."

내가 설명을 해주자, 문과 출신인 박박사와 보좌관은 잘 이해를 못하는 것 같았다. 서재정 교수는 학부 때 물리학을 전공한 소양이 있어, 내가 엑스선회절의 원리, XRD데이터에 나오는 뾰족한 피크와 넓은 피크가 실공간에서 원자들 간의 상호작용에서 어떤 의미를 지니는지 설명해주자 잘 이해했다.

"이건 합조단이 단단히 걸렸는데요." 내가 말했다.

밤이 늦어 박박사와 보좌관은 내일 다시 보기로 하고 방을 나갔다. 서재정 교수와는 그 데이터들에 대해 좀더 이야기를 나눈 후 호텔 밖까지 나가 그를 배웅했다.

"안 좋은 일로만 만났는데 이번엔 좋은 일을 같이할 수 있으면 좋겠습니다."

"그러도록 합시다."

이렇게 말하며 그와 헤어졌다.

호텔 방으로 돌아와 다시 EDS와 XRD 데이터, 그리고 그 '1번' 표시가 된 사진을 다시 들여다보았다.

유성잉크는 150℃ 정도에서 탄다고 알려져 있다. 어뢰 표면의 페인트가 모두 타버린 상황 즉, 350℃~1000℃의 상태에서 '1번' 글씨가 남아 있다는 사실은 천안함사건의 의혹 중 하나다.

ⓒ 김종대의

'참 이상하구만. 표시가 너무 선명해.'

잠을 자려다 문득 15년쯤 전의 기억이 떠올랐다. 당시 미국의 벨 연구소(Bell Laboratory)의 한 한국인 선배 교수의 연구실에 가서 여러 쌤플들을 여러개의 조그만 쎄라믹 도가니(ceramic crucible)에 넣고 구웠던 적이 있었다. 가루 형태의 물질들을 오븐에 집어넣고 구워 당시 내가 연구하던 산화물을 약간씩 조건이 다르게 만들었는데, 어떤 쎄라믹 용기에 어떤 조건의 쌤플을 넣었는지 알기 위해 표시를 해두었던 기억이 났다. 그런데 그 표시를 매직펜으로는 안했던 것 같았다. 평소에 내가 형으로 깍듯이 모시는 그 선배는 재미 한국 과학자 중 가장 연구가 왕성한 분들 중 하나로 지금은 미국의 유수한 대학에 계시는 C교수다. 그에게 이메일을 띄웠다.

"쌤플을 여러개 만들 때 쎄라믹 도가니에 어떻게 표시하지요? 유성펜으로 하면 되나요?"

무엇 때문에 그런 질문을 하는지는 전혀 밝히지 않았다. 비슷한 이메일을 일본에 있는 몇몇 동료교수들에게도 띄웠다. 그러곤 침대에 누워 10시 30분경 잠을 청했다.

바빴던 하루의 피곤이 몰려와 나는 곧 잠에 떨어졌다.

5월 30일 (일)

새벽 1시경 잠에서 깼다. 벌떡 일어나 컴퓨터 앞에 앉았다. 역시 C교수로부터 그 특유의 짧은 답장이 와 있었다.

"날카로운 걸로 쎄라믹에 긁어서 표시할 것."

다시 이메일을 보냈다.

"유성펜으로는 안되나요?"

그곳은 오후라 곧바로 답장이 왔다.

"모든 유기물은 섭씨 350도 이상에서 다 타버림."

흠, 섭씨 350도라. 별로 높지 않은 온도구만.

그럼 어뢰의 폭발 직후 어느 정도의 에너지가 방출될까? TNT 질량을 알면 터질 때 나오는 에너지에 대한 공식이 있을 텐데, 그걸 모르니, 먼저 다른 방법으로 개략적으로 계산해보

자. 유튜브 동영상에서 보니, 어뢰 폭발시 아주 커다란 물기둥이 솟아나던데. 중력에 반하여 그러한 물기둥을 만드는 데 드는 에너지를 간단한 적분을 통해 계산했다.

"아하, 굉장한 에너지군. 매직 글씨는 타버렸겠군!"

혼자 중얼거렸다.

간단히 영어로 정리하여 서교수와 박박사에게 이메일을 보냈다. 서교수에게는 정확한 에너지를 계산해달라는 부탁과 함께.

침대에 누워 한시간쯤 눈을 붙였다. 일어나 샤워를 했다. 서교수의 답장이 왔다. "이게 사실이라면 굉장합니다." 서교수는 어뢰 폭발시 나오는 에너지를 계산할 정확한 공식을 구했다. 나의 결과와 비슷했다.

아침 7시에 박선원 박사 방을 두드렸다. 눈을 비비며 얼굴을 내민 그에게 이메일을 읽어보라고 하였다. 잠시 후 호텔 식당에서 아침을 먹으며, 간단히 나와 서교수의 계산에 대해 설명했다. 아침을 먹고 호텔방으로 돌아온 후, 박박사가 다시 찾아와 10시에 국회 천안함특위의 민주당 최문순 의원을 만나러 가자고 하였다. 택시를 타고 의원회관으로 들어갔다. 난생 처음으로 들어오는 국회. 건물들이 웅장했다.

의원회관 로비로 최문순 의원이 내려왔다. 인사를 나누고 통성명을 한 후, 그의 사무실로 갔다. 첫눈에 참 마음씨가 좋은 분이라는 걸 느꼈다. 사무실에서 김용철 보좌관과 넷이서 원탁테이블에 앉아 '1번' 글씨에 대해 설명했다. 그건 모두들 쉽게 이해를 했다. 이어서 EDS데이터와 XRD데이터를 설명하는데 문과 출신들이라 그런지 이해도가 낮은 듯했다. 나중에 기자들과의 소통에서도 같은 걸 느꼈다. 과학의 결과물들이 사회 곳곳에서 개인과 집단의 삶을 규정하거나 중요한 영향을 끼치는 현시대에서는, 젊은 이공계 출신들이 의원 보좌관과 기자로 많이 진출해야 하지 않을까 하는 생각이 들었다.

과학자의 입장에서는 합조단의 EDS와 XRD 데이터에서 보이는 불일치가 더욱 치명적인 건데, 확실하게 하기 위해서 내가 직접 씨뮬레이션을 해본 후 다시 연락을 하겠다고 했다. 나이아가라 폭포의 높이가 50m밖에 되지 않는다는 사실도 알려주었다. '1번' 글씨에 대해선 최문순 의원이 내가 일본에 간 후, 내 이름은 익명으로 하며 기자회견을 하기로 했다.

점심식사를 마치고 식당 앞에서 헤어져 혼자 공항버스 정류장으로 갔다. 버스에 올라 인천공항에 도착해 출국수속을 끝내고 탑승 게이트로 갔다. 컴퓨터로 일본에 같이 온 L군에게 이메일을 띄웠다.

"8시경에 도착할 텐데 좀 부탁할 일이 있으니 그때 봅시다."

한국에 체류한 시간은 고작 20시간 정도. 그러나 한동안 이 일로 바쁠 것 같았다.

합조단이 과학의 이름으로 천안함사건의 결론을 내렸다고 주장하니, 과학자로서 합조단의 데이터와 해석 그리고 그 결론이 과연 타당한지를 검증하자. 그렇게 마음을 다지며 토오꾜오

행 비행기에 올랐다. 한편으로는 가슴이 설레고 한편으로는 알 수 없는 불안감도 몰려왔다. 과연 이 일을 제대로 해낼 수 있을까. 아무런 권력도 없고 그 누구의 든든한 지원도 기대할 수 없는 일개 과학자일 뿐인 나는 과연 이 거대한 권력에 맞설 만한 힘이 있는 것일까.

나에겐 과학적 진실밖에는 없다. 그 진실의 힘을 믿자고 다짐했다. 비행기가 서서히 이륙했다. 나는 지그시 눈을 감고 헤아릴 길 없는 앞일을 헤아려보기 시작했다.

제2장

풀리지 않는 의문들

5월 30일 (일)

토오꾜오에 돌아오자마자 L군을 연구실로 불렀다. 그간의 상황을 설명하고, 도움을 청하니 흔쾌히 응해주었다. 그후 한달 넘게 L군은 나의 가장 든든한 동지가 되어주었다. 가끔 농담으로 L군이 나의 배후인물이라고 하며 서로 웃곤 했다.

첫날부터 일을 시작했다. 여러가지 일을 동시에 착수했다.

첫째는 최문순 의원실의 기자회견을 위해 '1번' 표시에 대한 나의 소견서를 우리말로 번역하여 보내주는 것. 내가 일요일 새벽 서재정 교수와 박선원 박사에게 보냈던 영문 이메일을 번역하는 일이다.

결정적 증거물로 제시된 어뢰 잔해의 흡착물질. 합조단의 주장에 따르면 프로펠러의 부식물들은 폭발 당시 알루미늄 등이 녹으면서 흡착된 물질들이다. 그러나 이후 흡착물질의 성분에 대해 수많은 의혹이 제기된다.

ⓒ연합뉴스

둘째는 천안함 선체의 흡착물질(AM-I)과 어뢰 프로펠러 흡착물질(AM-II)의 XRD데이터에서는 안 보이고 합조단이 폭발실험에서 얻은 흡착물질(AM-III)의 XRD데이터에서만 보이는 뾰족한 피크들의 정체가 무엇인지를 밝히는 것. 합조단은 XRD데이터들의 불일치에 대해서는 전혀 언급하지 않고, EDS데이터들이 일치했다는 점만 부각했다. 즉 AM-III의 EDS데이터가 AM-I과 II의 EDS데이터와 같으며, 이는 곧 선체와 어뢰의 흡착물질이 폭발에서 비롯된 물질이라는 주장이다. 그리고 더 나아가 그 어뢰가 사고지점에서 나왔고 '1번'이라는 한글이 적혀 있으니, 북한 어뢰에 의해 천안함이 침몰했다는 그럴싸한 결론을 내놓는 것이다. 따라서 AM-III의 XRD데이터가 AM-I과 II의 XRD데이터와 같은지의 여부를 파헤치는 것이 합조단의 논리를 과학적으로 검증하는 첫걸음이 되는 것이다.

문득 그 미스터리한 폭발실험 흡착물(AM-III)의 뾰족한 피크들이 결정질 알루미늄(Al)일 거란 생각이 들어 L군에게 결정질 알루미늄이 있다고 가정한 씨뮬레이션으로 재생해보라 했다. 과연 한시간쯤 후 L군은 예상대로 AM-III XRD데이터에 나타나는 뾰족한 피크들은 결정질 알루미늄에서 나오는 것들이라고 하며 씨뮬레이션 결과를 보여주었다.

흠, 그러니까 폭발실험에서는 결정질 알루미늄이 나왔군. 그럼 왜 다른 두 흡착물질에서는 안 나왔지? 이상한 일이다. 결정질에서 나오는 뾰족한 피크는 아니라도 특정 위치에서는 넓은 피크가 보여야 하는데…… 이렇게 아무런 씨그널도 없을 수는 없다. 아무튼 합조단은 이미 이 문제에 대해 설명하길, 그 결정질 알루미늄이 폭발과정에서 100% 비결정질 산화알루미늄으로 됐기 때문이라고 했다. 그런데 정작 합조단 자신의 폭발실험(AM-III)에서는 뾰족한 피크 즉 결정질 알루미늄 피크가 나온 것은 어떻게 봐야 하는가. 이는 어뢰 폭발로 인한 흡착물질이라는 AM-I과 AM-II에서도 그들의 주장이 맞다면 알루미늄이 100% 비결정질로 산화되지 않았어야 한다는 것을 의미한다.

아무튼 폭발시 알루미늄이 100% 산화된다는 합조단의 주장은 틀리겠군. 산화되었다 해도, 산화알루미늄이 100% 비결정질로 된다는 것은 과학적으로 불가능할 텐데라는 생각이 들었다. 이것을 검증하기 위해 금속성 유리(metallic glass) 분야의 세계적 전문가인 나의 버지니아대 동료 푼(Poon) 교수에게, 산화알루미늄(Al_2O_3)을 비결정질로 만들려면 어떻게 해야 하는지 이메일로 질문했다. 물론 내가 왜 그 질문을 하는지 이유는 말하지 않았다. 미국은 낮이어서 곧바로 푼 교수로부터, "Al$_2$O$_3$는 특수조건하의 표면에서는 비결정질화가 가능하나 속까지 전체가 비결정질이 되기는 불가능하다"는 답변을 들었다.

그리고 일본 토오호꾸대학에 금속성 유리 분야에서는 세계적으로 최고의 그룹이 있다는 생각이 나서 그 대학 교수인 내 친구 야마다(山田) 교수에게 이메일을 보내 그 그룹의 사람을 소개해달라고 했다. 아침에 두 사람을 소개하는 답변이 와서 그 둘과 전화통화를 했다. 그들로부터도 푼 교수와 똑같은 답변을 얻었다.

그렇다면 합조단의 주장은 과학적 근거가 없는 것이 분명했다. 그래도 그들이 틀린 주장을 한다는 걸 보여주기 위해선, 그들의 주장이 맞다고 가정한 후 XRD데이터를 씨뮬레이션해서 그들의 XRD데이터와 비교하기로 했다. 비결정질 상태이어도 원자들간의 상호연결 상태는 클 수도 작을 수도 있을 것이다. 즉 원자간 상호연결 반경이 너무 작아 피크가 전혀 나타나지 않을 수도 있다는 극단적인 가정도 해볼 법했다. 하지만 예전 논문들을 찾아보니 산화알루미늄이 비결정질을 이룰 때는 보통 원자간의 상호연결 반경이 30Å(Å는 파장이나 원자간 거리를 측정하는 단위. 1미터의 100억분의 1에 해당) 정도 되어 XRD데이터에는 하나의 아주 넓은 피크가 아닌 여러개의 조금 넓은 피크들이 나타난다. 그러한 피크들이 합조단 데이터에는 전혀 보이지 않았다. 아무튼 나는 비현실적이지만 XRD에 아주 잘 보이지 않을 극한상황, 즉 원자간 상호연결 반경이 알루미 늄간의 최단거리인 2.654Å으로 가정하여 씨뮬레이션을 했고 몇시간 후 결과가 나왔다. 이 XRD 씨뮬레이션에서도 그 씨그 널은 나타났다. 결국 합조단이 주장하는 극한상황에서라도 그 씨그널이 보여야 한다는 결론을 내릴 수 있었다. 그런데 그들 의 데이터에서는 전혀 보이지 않았다.

이 결과를 코넬(Cornell)대에서 운영하는 과학논문 싸이트 arXiv(www.arxiv.org)에 띄워 모든 과학자가 볼 수 있게끔 해 야 한다는 생각이 들었다. 나는 논문을 쓰기 시작했다.

5월 31일 (월)

새벽 3시, L군과 같이 '1번' 표기에 대한 나의 소견서를 우리 말로 다시 작성하여 서교수와 박박사, 최문순 의원실의 김용철 보좌관에게 보냈다.

오전 11시에 서교수가 『경향신문』에 기고할 '1번' 표기의 의 문점에 대한 초고를 보내왔다. 원래는 이 글에 내 이름을 넣지 않기로 했으나, 읽어보니 이 글이 천안함사건의 향후 전개과정 에서 매우 중요한 전환점이 될 거란 직감이 들었다. 약간의 손 질을 해서 서교수에 보내주며 내 실명을 공동저자로 넣어달라 고 했다. 버지니아대학 물리학과 교수가 이 사건에 관계되어 있다는 점은 최문순 의원 기자회견에서 이미 알려졌다. 우리 과에는 한국 출신 교수가 나를 포함해서 두명이다. 따라서 내 이름이 알려지는 것은 시간문제였다. 또한 흡착물질에 대한 과학적인 문제제기도 해야 하므로 더이상 익명으로 남아 있는 것은 무의미하다는 생각이 들었다. 이제 나의 실명을 밝히고 합조단의 주장에 대해 본격적인 문제제기를 하기로 마음을 먹었다.

점심시간이 되어 L군과 식당에 가서 간단히 요기하고 다시 돌아와 몇시간을 더 일하여 논문의 초고를 마쳤다. L군에게 논문에 공동저자(coauthor)가 되게 이름을 실어주겠다고 하니, 앞날에 불이익이 있을지 모르니 자기 이름은 싣고 싶지 않다고 했다. 나는 그의 의사를 존중하기로 했다. 내일 다시 논문을 읽어보기로 하고 일단 서교수에게 간단한 설명과 함께 초고를 이메일로 보냈다.

그날 오후 김용철 보좌관으로부터 최문순 의원이 '1번' 표기에 대해 기자회견을 했다고 보도자료를 보내왔고, 『경향신문』으로부터 서교수와 나의 글이 다음날 신문에 나온다는 이메일이 왔다. 나는 서교수에게 합조단의 EDS데이터와 XRD데이터에 대한 글을 쓰자고 제안했다. 과학자의 입장에서 그 글이 더욱 더 확실한 근거를 제기할 거라는 말과 함께.

서재정 교수에게 메일을 보내놓고 있으려니 오후 5시가 좀 지나서 김아무개라는 사람으로부터 이메일이 왔다. "최문순 의원의 기자회견이 한국의 네이버 뉴스에 톱으로 올라와 있다.

내용은 어느 버지니아대학 물리과 교수의 증언에 의하면 국제조사단이 발표한 천안함사건의 증거가 과학적으로 틀렸다는 것이다. 혹시 교수님이 자료를 주었으면 토론을 한번 하자. (…) 물리학도의 명예를 위해서도 최의원에게 어필하시기 바람. 한국의 인터넷은 지금 들끓고 있다."

내가 제공한 자료를 최문순 의원이 악용하고 있다고 주장하는 것인가? 혹시 합조단에 참여한 사람인가? 그러나 개별적인 차원의 대응은 하지 않기로 했다. 여하튼 최문순 의원의 기자회견의 반향이 크니 다행이었다.

우리는 오후 6시경 아파트로 돌아가서 저녁 먹는 것도 잊고 그냥 쓰러져 잤다. 밤 11시에 일어나 다시 연구실에 갔다. 할 일이 너무 많았다. 늦은 저녁식사는 오는 길에 편의점에 들러 산 삼각김밥과 빵, 우유로 때웠다.

그날 밤에도 최문순 의원실과 메일을 주고받았다. 김보좌관은 흡착물질 분석결과에 대해서도 기자회견을 진행하고 싶으니 나에게 정리를 해달라고 했다. 나는 그러겠다고 회신을 했다.

6월 1일 (화)

아침 『경향신문』에 서재정 교수와 나의 '1번' 표기에 관한 글이 실린 것을 인터넷으로 확인했다.

'1번'에 대한 과학적 의혹을 제기한다

지난 20일 민군합동조사단은 천안함 침몰원인 조사결과를 발표하며 "어뢰로 확증할 수 있는 결정적인 증거물"로 어뢰의 추진 동력부 등을 수거, 제시했다. 추진부 뒷부분 안쪽에 "1번"이라고 쓰인 것과 설계도와의 일치 등의 증거에 따라 수거한 어뢰부품이 북한 산이라는 것을 확인한다고 발표했다.

필자들은 합조단 발표를 신뢰한다. 수거된 물건들이 천안함 인근에서 폭발하고 남은 부품이라는 발표와 "이 어뢰의 후부 추진체 내부에서 발견된 '1번'이라는 한글 표기"에 의혹을 갖지 않는다. 그러나 합조단의 모든 발표를 사실이라고 믿는 순간 과학적으로 있을 수 없는 불일치 현상이 나타난다는 점을 지적하지 않을 수 없다.

우선 합조단이 공개한 후부 추진체와 방향키를 보면 외부가 심하게 부식되었음을 알 수 있다. 어뢰의 외부가 심하게 부식된 것은 폭발 결과와 일치한다. 사용하기 전의 어뢰는 부식을 막기 위해 페인트를 칠해놓는데 어뢰의 부품이 왜 부식되어 나타났는가? 그것은 폭발시 발생하는 고열로 이 페인트가 타서 없어지기 때문이다. 따라서 폭발 후 남은 잔해는 바닷물에 노출되고 그 결과 부식현상이 나타난 것이다. 합조단이 공개한 어뢰 부품의 부식현상은 폭발 결과와 일치한다. 합조단이 공개한 것이 폭발하고 남은 어뢰의 잔해라는 점을 의심하지 않는다. 폭발 이전의 어뢰였다면 페인트가 남아 있었을 것이고 그 부분은 부식되지 않았을 것이기 때문이다.

합조단의 결론은 전적으로 과학적이다. 그러면 어뢰의 외부에 칠해놓은 페인트는 몇도가 되어야 타버릴까? 문제의 어뢰에 사용된 페인트 성분이 알려져 있지는 않지만, 현재 가장 높은 열에 견딜 수 있는 씰리콘 쎄라믹 계열의 페인트는 비등점이 섭씨 760도이고 보통 유성페인트의 비등점이 섭씨 325~500도 정도이다. 이에 비춰볼 때 수거된 어뢰 뒷부분에는 적어도 섭씨 325도의 열이 가해진 것으로 추정된다. 250kg의 폭약량에서 발산될 에너지량에 근거해 계산해보면, 폭발 직후 어뢰의 추진 후부의 온도는 적어도 섭씨 325도, 높게 잡으면 1000도 이상 올라갈 수 있다는 점에 비춰볼 때 합당한 추정이다.

어뢰 중에서도 가장 뒷부분이고 가장 외부에 있는 방향키도 부식돼 있었고, 따라서 이 부분의 온도도 최소한 페인트를 태울 정도인 섭씨 325도 이상으로 올라갔을 것이므로 어뢰의 내부는 이보다 높은 고열상태였을 것이다. "1번"이라고 쓰인 후부 추진체 내부도 325~1000도의 열을 받았을 것이다. "1번"은 페인트가 아니라 매직펜 같은 것으로 쓰여 있고, 그 잉크의 성분은 분석이 완료되어야 알 수 있겠지만 통상적으로 사용되는 잉크는 크실렌, 톨루엔, 알코올로 이뤄져있다. 각 성분의 비등점은 섭씨 138.5도(크실렌), 110.6도(톨루엔), 78.4도(알코올)이다. 따라서 후부 추진체에 300도의 열만 가해졌더라도 잉크는 완전히 타 없어졌을 것이다. 비등점이 이보다 높은 유성잉크나 페인트를 사용했더라도 어뢰 외부의 페인트가 타버릴 정도였다면 내부의 유성잉크나 페인트도 함께 탔을 것이다. 이러한 불일치는 설명할 방법이 없다. 외부 페인트가 탔다면 "1번"도 타야 했고, "1번"이 남아 있다면 외부 페인트도 남아 있어야 한다. 그것이 과학이다. 그러나 고열에 견딜 수 있는 외부 페인트는 타버렸고, 저온에도 타는 내부 잉크는 남아 있다.

서재정·이승헌

오전에는 흡착물질에 관해 쓴 영문 논문을 다시 읽어보고 교정을 본 후 서교수에게 보냈다. 이 논문을 보고 한국 언론매체에 보낼 간략한 글을 써보라는 부탁도 덧붙였다.

12시 30분. 흡착물질 데이터에 대한 소견서를 L군과 한글로 작성하여 서교수와 김용철 보좌관에게 보냈다. 서교수하고는 짧은 글을 써서 한 매체에 보내기로 하고, 김보좌관에게는 최문순 의원이 내 소견서를 바탕으로 기자회견을 해도 된다고 전했다. 최의원실에서는 흡착물질에 관한 게 아닌 다른 자료들도 보내줬으나, 내 전공 분야가 아니어서 그것들에 대해서는 내가 코멘트를 못한다고 전했다. 오후에 최문순 의원이 박선원 박사와 함께 기자회견을 했다.

오후 5시 58분. 서교수로부터 흡착물질에 대한 우리 글을 『프레시안』이나 『한겨레』에 보내자는 이메일이 왔다.

오후 7시가 지나자 저절로 눈이 감겨왔다. 도저히 더 있을 수가 없었다. 그러니까 일본에 돌아온 후 거의 이틀을 꼬박 새운 셈이다. 집에 가서 수면을 취하기로 했다. 자전거를 타고 아파트로 가서 저녁도 거르고 쓰러져 잤다.

6월 2일 (수)

오전 11시 20분. 서교수가 언론매체에 보낼 흡착물질에 대한
우리의 글 초고를 보내왔다. 나는 데이터 '조작'일 거란 확신이
있었으나 서교수와의 토론을 통해 아직은 합조단 데이터의 '불
일치'라고만 하자는 데 의견일치를 보았다. 서교수가 그 글을
『한겨레』와 『프레시안』에 동시에 보냈다. 『프레시안』은 처음
부터 천안함 기사를 줄곧 내보내고 있었고 황준호 기자는 즉시
우리의 글을 실어주겠다고 답장을 했다. 우리는 『한겨레』에 보
내는 게 그 신문사에 자극도 될 것 같아 거기에서 실어주겠다
면 그곳을 택하겠다고 양해를 구했다. 시간이 촉박해서 『한겨
레』에는 한두 시간 안에 답을 주면 기고를 하고 그렇지 않으면
다른 매체로 가겠다고 서교수가 『한겨레』 R기자에게 말했다.

오후 2시. 서교수로부터 한겨레의 인터넷매체 훅(hook.hani.
co.kr)에 우리 글이 실린다는 소식을 들었다. 종이신문에는 나
오지 않았다. 짐작컨대 당시에 한겨레 내에서는 종이신문팀, 주
간지팀, 인터넷팀 간에 천안함 이슈에 대한 유기적인 정보교환
이 그리 활발하지 않았든지 아니면 이때까지도 사측에서 천안
함사건을 본격적으로 다루기를 꺼려하고 있지 않았나 싶다.

여기서 당시에 한국 언론이 천안함사건을 어떻게 다루었는지를 이야기하는 게 좋겠다. 3월말 천안함 침몰 후부터 한달 넘게 조·중·동은 거의 매일 천안함사건을 톱기사로 다루었다. 북한 잠수함의 침범과 어뢰에 의한 피격 씨나리오를 『조선일보』가 먼저 주장하기 시작했고, 6·2 지방선거가 다가오면서 거의 매일 전쟁도 불사해야 한다는 더더욱 강력한 논조를 펴고 있었다. 『조선일보』는 어뢰에 모터를 달아 특공대원이 직접 조정해서 자폭하는 '인간어뢰' 개념도를 그래픽으로 처리해서 크게 보도했고, 『중앙일보』는 논설위원 칼럼을 통해 전쟁이 일어나도 "국민이 3일만 참아주면" 북한을 폭격해 승리할 수 있다고까지 했다.

그런데 5월 31일과 6월 1일 최문순 의원의 기자회견이 열린 후로는 믿기지 않게 『조선일보』와 『중앙일보』에서 천안함 이슈가 톱에서 감쪽같이 사라졌다. 『동아일보』는 며칠 더 끌었으나 그후에는 우리나라에서 가장 많은 발행부수를 자랑하는 세 신문, 보수진영을 대변하고 우리 사회를 이끈다는 세 신문은 천안함사건에 대한 긴 침묵을 시작했다. 이상하지 않은가? 최문순 의원의 기자회견 후 그전에 해왔던 자기들의 주장을 이젠 입 꽉 다물고 하지 않는다는 게 참 이상하지 않은가? 물론 그 직후의 지방선거에서 여권이 대패한 후 이른바 북풍몰이가 더 이상 국내정치에서 통하지 않는다는 것을 실감한 이유도 있었을 것이다.

(그 세 신문 중 한 신문은 5월 20일경 합조단 윤덕용 단장의 인터뷰를 대문짝만하게 실었다. 100% 비결정질 산화물이 나왔고 그것은 세계 최초 발견이라며 자랑하는 윤단장의 주장을 크게 실은 것이다. 그런데 6월 1일 최문순 의원 기자회견과 6월 3일 서교수와 나의 글이 한겨레 인터넷판에 발표된 후에, 다시 그 인터뷰 기사를 찾아보니 그 대목이 감쪽같이 기사에서 사라져 있었다. 참 줏대도 없고 자기들 편리에 의해 사실을 왜곡한다는 비판을 받아 마땅하다.)

한국 언론에서 천안함사건의 진상을 올바르게 파헤치려 했던 사람들이 있다. 내가 아는 바로는 그들 중 단연『프레시안』의 황준호 기자가 처음부터 아주 열정적이었다. 몇년 전 황우석사건 때 필명을 떨쳤던 강양구 기자도 나중에 합세한『프레시안』팀은 중요한 기여를 했다고 본다.『민중의소리』의 정웅재 기자도 아주 열심히 했는데, 나는 그 신문은 나중에서야 보기 시작했다. 노종면 기자가 팀장으로 있던 '언론3단체 검증위'도 열심히 활동했다. 특히 노종면 기자는 날카롭고 핵심을 찌르는 질문을 던져 합조단을 궁지에 몰아넣었고 천안함 침몰 원인에 대한 새로운 논의를 여는 데 크게 기여했다.

반면에 당시의『한겨레』는 이름값을 못하고 있었다. 최문순 의원의 두차례에 걸친 기자회견도 전혀 기사화하지 않았고 서교수와 내가『경향신문』에 6월 1일에 쓴 글에 대해서도 후속취재나 기사화가 없었다. 천안함사건에 대해서 너무 위축되어 있

는 듯했다. 민주당에서조차 천안함사건은 너무 뜨거워서 지방
선거에 도움이 되지 않을 거라고 지도부에서 판단하고 언급을
전혀 하지 않기로 했다 하니 비슷한 시각이『한겨레』내에서도
있지 않았나 싶었다.

『한겨레』가 어떤 신문인가. 그 암울했던 80년대에 동아, 조
선 해직기자들을 중심으로 국민 주주와 함께 만든 신문 아닌
가. 첫 신문이 나왔을 때 리영희 선생님과 성유보 초대 편집국
장이 윤전기 앞에서 찍은 그 역사적 사진도 있지 않은가. 리영
희 선생이 그보다 더 암울했던 60~70년대에 연합통신 기자로
일하며 엄청난 공부를 바탕으로 당시 커다란 반향을 불러일으
킨 주옥 같은 기사들을 썼었는데 그 기자정신을 이어받아야 할
신문이 왜 이렇게 되었나 하여 참 안타까웠다. 나중에 알고 보
니『한겨레』는 백낙청 교수를 비롯해 여러 지식인들로부터 애
정어린 비판을 받고 있었다. (한겨레에서 천안함에 대해 본격
적인 취재의 물꼬를 튼 것은 단연『한겨레21』의 하어영 기자일
것이다. 이것에 대해선 나중에 이야기하겠다. 한겨레는 사건 초
기의 미진한 활동을 만회하기라도 하려는 듯 이후 사건 보도에
서는 중요한 역할을 하고 있다. 그나마 다행스러운 일이다.) 아
무튼 이러한 관계로 우리의 두번째 글은『한겨레』에 싣는 게 더
좋겠다는 결론이 서교수와의 토론 중에 나왔던 것이다.

한겨레 훅에 실린 서교수와 나의 글에 첨부되었던, 나의 흡
착물질 데이터 분석에 대한 소견서 전문을 여기에 싣는다.

민관합동조사단의 천안함 보고서의
'흡착물질 분석(absorbed material analysis)' 부분에 대한 비평

조사단의 주요 주장

(a) 다음에서 검출된 세가지 '흡착물질'에 대해 에너지분광
   (EDS)과 엑스레이(X-ray) 실험이 행해졌다.

   ① 천안함의 함수, 함미, 연돌의 표면(AM-I)

   ② 어뢰의 프로펠러의 표면(AM-II)

   ③ 모형 실험의 상부 알루미늄 판재 표면에 붙어 있던 유사
     한 흡착물질(AM-III)

(b) 상부 알루미늄 판재 표면에 붙어 있던 흡착물질은 폭발재이다.

(c) 이 세가지 쌤플의 EDS 데이터는 거의 일치한다. 이것은 처음
   두개의 쌤플이 폭발재임을 확인한다.

(d) 그러나, X-선 데이터에서는 처음 두 쌤플(AM-I, AM-II)에서
   폭발물의 중요 첨가물인 알루미늄이나 알루미늄 산화물이
   전혀 관찰되지 않았다.

(e) 하지만 이는 폭발 직후 알루미늄의 용해와 급랭각으로 비결
   정질(amorphous)의 알루미늄 산화물이 생기기 때문으로 오
   히려 어뢰가 폭발했다는 결정적 증거이다.

(f) 프로펠러에 붙어 있는 흡착물질과 천안함에 붙어 있는 흡착
   물질이 같은 폭발물이 폭발되어 나온 성분으로 분석이 되었
   다. 이러한 결과는 천안함이 어뢰의 폭발에 의해 가라앉았다

는 주장과 일치한다.

문제점들

(a) 우리의 분석에 따르면, 모형 폭발실험에서 나온 세번째 쌤플 (AM-Ⅲ)의 엑스레이 데이터에는 결정화된(crystalline) 알루미늄의 씨그널이 대부분을 차지한다. 이것은 다른 두 쌤플과는 전혀 다른 현상이다. 이러한 불일치는 전혀 언급되지 않았다.

(b) 이 불일치를 설명하는 데에는 두가지 가능성이 있다.

①첫번째 가능성: 모형 폭발실험에 나온 쌤플은 폭약과는 상관이 없는 알루미늄 판재에서 떨어져나온 결정화된 알루미늄이 대부분일 가능성이다. 이것은 그 엑스레이 데이터를 설명할 수 있다. 그러나 이는 그들의 주장 (c), 즉 같은 EDS데이터들이 비슷하다는 이유가 어뢰 프로펠러에 붙어 있던 흡착물질과 천안함에 붙어 있던 흡착물질이 폭약재라는 주장과는 맞지 않는다.

②두번째 가능성: 모형 폭발실험에 나온 쌤플은 대부분 폭약재일 가능성이다. 그렇다면 폭발 이후에도 비결정화된 알루미늄이 아닌 결정화된 알루미늄이 지배적이어야 함을 의미한다. 그렇다면 어뢰 프로펠러에 붙어 있던 흡착물질과 천안함에 붙어 있던 흡착물질의 엑스레이 데이터에도 결정화된 알루미늄이 나와야 한다. 그러나 그렇지 않다.

(c) 이 불일치는 과학적으로 설명할 방법이 없다.

이 기사 이후 합조단은, 내가 위에서 제시한 첫번째 가능성을 염두에 둔 듯, 자신들의 모의 폭발실험에서 나온 흡착물질(AM-Ⅲ)의 XRD데이터에서 알루미늄 성분이 나온 것은 알루미늄 판재를 대고 실험했기 때문이라고 주장했다. 이것의 맹점은 다음에 이야기하겠다.

6월 3일 (목)

새벽 5시경 연구실에 나왔다. 나와 같은 분야에서 왕성한 활동을 하고 계시는, 나보다 10년쯤 선배가 되는 분들 중에 평소에 교류가 있고 존경하는 마음을 갖고 있던 세분의 교수(S대의 O교수, R대의 C교수, P대의 L교수)에게 이메일을 보냈다. 내가 지금 하고 있는, 그리고 앞으로 전개되어갈 일을 알려드려야 할 것 같아서였다.

"천안함 이슈가 한국 정부뿐만 아니라 한국 과학계의 위상과 신뢰를 해치고 있는 것처럼 보입니다. 합조단이 내세운 어뢰에 관련된 증거들을 볼 기회가 있었는데 그 데이터와 결론들이 얼마나 형편없었는지 황당했습니다. 한국사회가 황우석사건으로 교훈을 얻은 줄 알았는데 한국 정부와 군부는 그렇지 않은 것 같습니다. (…) 모든 열린 민주사회는 자정능력이 있습니다. 최근에 이 면에서 한국사회가 후퇴한 것 같아 슬픕니다. 나는 이 문제에 대해 본질의 밑바닥까지 파헤치려 노력할 것입니다. (…) 존경하는 분들이니 미리 알려드립니다."

즉시 C, L교수로부터 답장이 왔다. 두 교수는 "윤덕용 교수는 아주 훌륭하고 덕망이 있다. 그분이 단장으로 있으니 합조단의 발표가 틀리지는 않을 것이다" 하였다. 그후 합조단의 데이터에 대한 몇차례의 간략한 토론을 C교수와 이메일로 주고받은 후, C교수가 농담 반 진담 반으로 내가 아주 용감하거나 아주 심심한 것 같다며, 자신은 너무 바빠 이 문제에서 비켜 있겠다고 했다. 이것만도 고마웠다. 다른 두분의 교수로부터는 답장이 더이상 없었다.

예전부터 나를 항상 과분하게 아껴주시는 한 원로 핵물리학 교수님께도 비슷한 메일을 보냈다. 아무런 답장이 없었다. 나중에 찾아 뵙고 말씀을 나눌 기회가 있었다. 이것은 그때 이야기하기로 한다.

오전 10시. 나의 논문을 코넬대 arXiv에 보냈다. 시차로 인해 미국에서는 6월 2일 밤. GDT로 6월 4일 자정에 정식으로 실릴 거라는 자동 이메일 답장이 왔다. 이 글이 많은 과학자들 사이에서 토론의 대상이 되었으면 하는 기대를 했다.

제3장

천안함을 추적하는 과학자

6월 4일 (금)

내 논문이 arXiv에 떴다. 즉시 친분이 있는 미국, 영국, 독일, 일본의 물리학자들에게 이메일을 보내 arXiv에 띄운 내 논문에 대해 알려줬다. 여러 사람들이 매우 놀라고 흥미로워하며 격려의 답장을 보내주었다.

독일의 카이머 교수는 나의 용감한 노력이 매우 인상적이라고 격려해주며, 이후에 한 잡지의 편집위원을 소개해주었다. 일본의 야마다 교수는 이 논문이 가장 많은 사람들이 볼 논문일 것 같다는 농담을 하며 내가 이 논문을 50년 전에 썼다면 경호원들이 필요했을 거라며 나의 안전을 걱정해주었다. 미국에 있는 노벨 물리학상 수상자 A교수는 이 논문을 편지 형식으로 바꾸어 잡지에 보내면 어떻겠느냐는 조언을 보내왔다. 조언은 고마웠지만, 편지로 바꿀 겨를이 없어 그러지를 못했다.

내가 박사과정에 있었을 때의 지도교수에게서는 걱정이 듬뿍 어린 이메일이 왔다. 나의 논문이 나를 초대한 토오쿄오대 연구소 그리고 내가 재직중인 버지니아대학에서, 또한 한국 내에서 문제를 일으키지 않을까 하는 염려였다. 그리고 나의 동기는 깊이 존중하지만, 나의 논문이 한반도 긴장상황에 별다른 영향을 미칠 가능성은 없어 보이니, 천안함 문제에서 비켜서서 물리연구에만 전념하는 것이 어떠냐는 조언을 보내왔다.

나는 곧바로 답장을 보냈다.

"친절한 조언 고맙습니다. 이 활동이 나의 본래 연구에는 당분간 지장을 줄지도 모른다는 데 동감하며, 나 또한 그게 염려스럽습니다. 하지만 이미 동료 서재정 교수와 같이 쓴 두 글이 한국 언론에 실렸고, 그에 대한 반향이 큽니다. 나는 벌써 논쟁의 중심에 서 있게 되었습니다. 천안함 침몰의 원인이 무엇인지 지금 나는 알 수 없습니다. 다만 나는 진실을 추구할 뿐입니다. 이것이 아마 나의 인생을 통틀어 나의 모국에 내가 할 수 있는 가장 큰 공헌이 될 것입니다."

앞에서 언급한 세 한국인 교수에게도 내 논문 링크를 이메일로 보냈다. 나는 몇몇 과학저널에도 논문을 보내기로 했다. 폭발물질 안에 함유된 알루미늄이 폭발과정에서 어떻게 변하는

지는 과학적으로는 별로 중요하지 않고 또 이미 과거에 연구가 된 것이지만, 합조단의 주장이 예전의 연구결과들을 뒤집고 있으며 또 정치적 외교적으로 커다란 반향을 일으키는 사안이므로 『네이처』(Nature)에 보내기로 하고, 예전에 내 논문을 그 잡지에 실을 때 연락을 취했던 편집자에게 메일을 보냈다. 며칠 후 답장이 왔다.

"시의성이 엄청난 것이라 많은 관심을 가지고 읽었다. 하지만 합조단의 데이터가 어느 잡지에 실린 것이 아니므로 당신의 반박을 정식 논문으로 고려할 수는 없을 것 같다. 하지만 당신이 원하면 『네이처』 뉴스 담당자에게 전해줄 수 있다."

나의 논문이 논박의 대상으로 하는 합조단의 데이터가 정식 논문이 아니므로 내 논문 또한 정식 논문으로 보기 어렵다는 뜻이다. 난 그렇다면 뉴스 담당자에게 넘겨달라고 답장을 보냈다. 곧바로 런던에서 근무하는 『네이처』 뉴스 리포터 B씨로부터 이메일이 왔다.

"당신의 분석결과에 대해 관심이 많다. 월요일쯤 전화 통화하고 싶다. 합조단 관계자 중 당신의 분석을 본 사람은 있느냐? 그 사람들을 나에게 연결해줄 수 있느냐?"

나는 즉시 답장을 보내서, 월요일 통화가 가능하다는 것과 합조단에 누가 있는지는 자세히 모르지만 합조단 단장은 윤덕용 교수라는 내용을 전했다.

며칠 간격으로 『싸이언스』(Science) 쪽에도 연락을 했고 비숫한 내용의 답변을 들었다. 두 잡지 중 하나만이라도 논문에 대해 보도한다면, 그 잡지들이 세계 과학계에서 차지하는 비중에 비추어 반향이 크리라 생각했다.

6월 5일 (토)

아무리 생각해도 합조단의 흡착물질 EDS데이터와 XRD데이터 중 무엇인가는 조작되었다는 심증이 굳어갔다. 그것말고는 그 데이터들간의 불일치를 설명할 길이 없었다.

그런데 뉴스를 보니 정부는 합조단 대표를 유엔 안보리로 보내 천안함사건에 관한 설명회를 가질 거라 한다. 윤덕용 교수가 갈 것 같아, 다시 세 한국인 교수에게 이메일을 보냈다.

"합조단 데이터는 조작되었을 가능성이 매우 높습니다. 윤교수가 XRD에 대해서는 잘 모르니, 합조단에서 조작된 데이터와 그럴듯한 씨나리오를 윤교수에게 제시했을 때 윤교수가 믿어버린 것일 수도 있겠습니다. 내 이메일을 윤교수에게 보내주십시오. 지금이 윤교수의 명예를 지킬 수 있는 마지막 기회일지 모릅니다. 나의 의도는 그분의 명예를 손상시키는 데 있지 않습니다. 나는 오로지 이 천안함사건의 본질을 파헤치려 하고 있습니다."

이런 요지였다. 답장이 없었다. 내 메일이 윤교수에게 전해졌는지는 알지 못한다. (그후 윤교수와 장성들로 구성된 합조단 대표팀이 뉴욕까지 가서 유엔 안보리를 상대로 설명회를 가졌다. 그런데 정부의 기대와는 다르게, 안보리는 북한의 대표도 다른 시간에 자기 입장을 발언할 기회를 주었다. 예견되었던 외교의 실패다. 참 안타까웠다.)

6월 6일 (일)

워싱턴에 소재한 AP통신(Associated Press)의 폴린 젤리넥(Pauline Jelinek)이란 기자가 천안함사건에 대해 흥미로운 기사를 쓴 걸 보았다.

그 요지는 첫째, 천안함이 침몰할 때, 미국과 한국은 침몰지점 75마일 이내에서 합동군사훈련을 하고 있었다. 한 한국 잠수함을 타깃으로 미국 구축함 두 척과 다른 전함들이 대잠수함훈련 중이었다. 음향탐지기 쏘나 씨스템을 가동한 채 운행하고 있었다. 75마일은 쏘나 씨스템의 검측 반경 이내다. 이 훈련이 천안함사고로 중단되었다고 한미연합사령관 샤프(W. Sharp) 장군이 말했다.

둘째, 한 익명의 미국 관리에 의하면, "천안함의 침몰은 고의적 공격에 의한 것이 아닐 것이다. 한 독단적인 사령관의 행동이나 단순한 사고 아니면 훈련 중 사고일 것이다." 이 기사가 나오기 전에는 한국 국방부는 한미군사훈련이 천안함 사고지

점 근처에서 있었음을 부인하고 있었다. 이 기사가 발표된 후, 국방부는 훈련이 있었음을 시인했으나 구축함과 다른 군함들이 75마일보다 더 멀리 떨어져 있었다고 주장했다. 그후 합조단과 국방부는 다수의 사실관계에 대해 수도 없이 말을 바꾸었는데 이것은 겨우 시작에 불과했다.

한미연합사령관과 익명의 미국 관리의 말을 토대로 쓴 이 AP 기사가 시사하는 것은, 당시 너무 강경한 대북정책을 펴고 있던 이명박정부에 대한 미국의 경고의 의미였든지 아니면 미국은 이쯤에서 발을 빼려는 포석이 아니었나 싶다. 불행히도 이후에 이명박정권이 무지하고 저돌적인 대북강경책을 계속 몰고 가는 바람에 미국은 동맹국인 한국의 의견 존중이라는 측면에서 동조할 수밖에 없지 않았나 싶다. 물론, 미국이 동북아시아에서 실익을 챙기는 측면, 예를 들어 일본 오끼나와 미군기지 존속 문제 등도 작용했을 것이다.

또 하나 짚어볼 만한 것은 우리 민족의 현실과 장래는 강대국들의 의도보다는 우리 민족이 어떻게 하느냐가 중요하다는 점이다. 물론 주변 강대국들의 의도 또한 중요한 변수지만, 이제 한국의 경제력이 세계 15위권이라는 현실에서는 우리 민족이 어떻게 주도적으로 상황에 대처하느냐가 더욱 중요하다. 주지하듯이 미국 내에는 대한반도 정책에 있어 일관된 노선만 있는 것이 아니고 강경정책과 유화정책을 주장하는 다른 그룹들이 있기 마련이다. 이런 상황에서 우리 민족이 어떻게 하느냐가 미국정부 내에서 어느 그룹이 정책적 주도를 하게 되는지에 영향을 크게 미친다는 것이다. 하나의 좋은 예가 미국의 보수적인 부시 행정부 시기에도, 김대중·노무현 정권이 집권하고 있을 때는 한반도 내에 해빙 분위기가 유지 발전되고 있었다는 사실 아닌가. 그에 반해 현상황은 나쁜 예인데, 미국에 진보적이라는 오바마 정권이 들어섰는데도 남한에는 과거회귀적인 보수세력을 기반으로 하는 이명박정권이 집권하면서 한반도 정세가 험하게 되어버린 것이다. 이런 면에서는 우리 민족은 참 운도 지지리 없다는 생각이 들었다.

우리 민족 일로 남의 나라 탓하지 말자. 먼저 우리 자신에 대해 통렬히 반성해야 한다.

6월 7일 (월)

오후 4시경 『네이처』의 기자 B씨에게서 전화가 와서 한시간쯤 나의 XRD 분석결과와 1번 표기에 대해 설명을 했다. 그는 대학에서 인문학을 전공했다 한다. 나의 과학적 데이터의 설명을 어느정도 이해하는지 가늠하기 힘들었다. 그가 가장 관심을 두는 것은 북한 어뢰가 아니면 어떻게 천안함이 침몰했느냐는 것이었다. 어제 읽은 AP 기사를 이야기해주었다. B씨가 좀더 알아보고 연락해주마고 했다.

합조단의 발표에 대해 반박을 하면 가장 흔하게 받는 질문이 그럼 천안함은 무엇 때문에 침몰했다고 보느냐는 것이다. 그러나 내가 말할 수 있는 바는 없다. 현재처럼 정보가 통제되어 있고 실체에 접근할 수 없는 상황에서는 더이상의 추론을 할 만한 자료를 가지고 있지 않기 때문이다. 내가 지금 말할 수 있는 것은 합조단의 주장과 그 근거가 되는 데이터가 과연 과학적으로 합당한가의 여부에 국한될 수밖에 없다. 나로서도 안타까울 따름이다.

이런저런 상념에 빠져 있는데 문득 떠오르는 생각이 있었다. 알루미늄을 용융점(660도) 이상으로 온도를 높였다가 급랭각하면 어떻게 되는지 실험하면, 폭발과정에서 폭발물에 있는 알루미늄이 어떻게 되는지, 실제 폭발 때와 아주 똑같지는 않지만 대략 어떤 화학물질들이 어떤 형식으로 나오는지 알 수 있을 거란 생각이었다. 앞에서 말했듯이, 합조단은 천안함과 어뢰에서 채취한 흡착물질들의 EDS/XRD 데이터를 설명하는 데 있어, 폭발 중에 알루미늄이 100% 산화되고, 또 생성된 산화알루미늄이 100% 비결정질이라 주장했다. 이 주장을 이 실험을 통해 검증할 수 있을 것이다. 저녁에 실험을 하기로 했다.

저녁식사 후, 섬세한 알루미늄 가루로 두가지 쌤플을 준비했다. 하나는 열처리를 하지 않은 알루미늄 가루. 다른 하나는 쿼츠 시험관에 넣은 후 1100도까지 올려서 열처리한 후 급랭각한 알루미늄 가루.

두 쌤플에 대해 EDS와 XRD 실험을 했다. 열처리를 하지 않은 첫번째 쌤플의 EDS데이터에서는 산소 씨그널이 나오지 않았고, XRD데이터에서는 예상대로 결정질 알루미늄 피크들만 나오고 결정질 알루미늄 산화물 피크는 나오지 않았다. 열처리를 하지 않았으니 알루미늄이 산화되지 않은 것이다. 열처리를 한 두번째 쌤플의 EDS데이터에서는 산소 씨그널이 나왔다. 산화알루미늄이 형성되었다는 증거인 것이다. 그리고 XRD데이터에서는 결정질의 알루미늄과 결정질의 알루미늄 산화물(Al_2O_3)이 둘 다 나왔다. 열처리 후 알루미늄 일부가 산화되었다는 것이다. 정량적으로 분석해보니 40% 정도의 알루미늄이 용융과정에서 산화되었다.

두가지 결론을 얻었다. 1) 알루미늄이 100% 산화되지는 않는다. 2) 생성된 알루미늄 산화물은 대부분 결정질이다.

천안함에서 채취한 흡착물질(AM-I)과 어뢰에서 채취한 흡착물질(AM-II)에 대한 합조단의 분석결과와 정면으로 상충하는 내용이었다. 재미있게도, 합조단의 폭발실험에서 나온 흡착물질(AM-III)의 XRD데이터는 나의 결론과 일치했다. AM-III의 XRD에서는 결정질 알루미늄이 보였지 않은가. 그것은 그들의 폭발실험에서도 상당량의 알루미늄이 산화되지 않았음을 의미한다.

내가 실험을 통해 내린 결론은, 합조단의 데이터 중 어느 것인가는 조작되었다는 것이다.

두가지 가능성이 있다. AM-I과 AM-II의 데이터가 조작되었든지 아니면 AM-III의 데이터가 조작되었든지. 한가지 눈에 띄었던 것은, AM-III의 EDS데이터에 나온 산소와 알루미늄 씨그널의 크기가 내 실험에서 나온 것과는 아주 다르다는 사실이었다. 그게 조금 이상하긴 했지만 나는 EDS 전문가가 아니므로 그 이상한 점을 언급만 하고는 더이상 나아가질 못했다. (나중에 EDS 전문가인 캐나다 매니토바대학의 양판석梁判錫 박사가 날카롭게 그 부분을 지적하는데, 이건 그때 다시 설명하겠다.)

다른 논문들을 찾아보니, 나의 XRD 분석결과는 예전에 발표된 다른 연구자들의 결과와 부합했다. 과학적 데이터는 재현성 때문에 검증 가능하다. 합조단이 '결정적 증거'로 내민 흡착물질 데이터는 철저한 과학적 검증이 가능하다는 것을 나의 실험이 보여주었다.

자정이 넘었다. 자전거를 타고 숙소로 가서 잠을 청했다.

6월 7일 (월) ~ 6월 8일 (화)

『프레시안』에 내 인터뷰 기사가 떴다. 지난 6월 4일 황준호 기자가 전화 인터뷰를 요청해와서 한시간 넘게 인터뷰한 내용이었다. 기사에 엄청난 수의 댓글들이 올라오고 있어 반향이 크다는 것을 알 수 있었다.

"천안함 조사, 더이상 과학이란 이름을 더럽히지 마라"

〔인터뷰〕 '천안함 합조단 흡착물 분석' 반박 이승헌 美 버지니아 대 물리학 교수

프레시안 민군합동조사단에도 윤덕용 민간측 단장을 비롯해 최고 수준의 과학자가 있다. 그런데 흡착물 분석결과의 불일치 같은 문제를 왜 검토하지 않았을까?

이승헌 합조단장인 윤덕용 전 카이스트 총장님을 개인적으로 잘 알지는 못하지만 훌륭한 연구업적을 가진 분이라는 건 확실할 것이다. 그러나 물리학만 해도 분야가 넓어서 자기 전공분야가 아니면 관련 데이터를 깊게 이해하기 어렵다.

윤덕용 단장님이 하버드대 박사과정 시절 썼던 페이퍼를 보니, 그분은 시차열분석(Differential Thermal Analysis) 분야에 관한 전문가이신 것 같다. 그런 분야를 전공한 분이 합조단장이 된 것은 이해할 만하다. 그렇지만 그분은 엑스레이 산란 분야의 전문가는 아니기 때문에 그 데이터에 드러나는 불일치를 잡아내지 못하셨을 것이다.

프레시안 선체 및 어뢰 추진체 흡착물에 대한 에너지분광기(EDS) 분석에서 나타났던 알루미늄이 엑스레이회절기(XRD) 분석에서는 보이지 않는 현상을 지적하고 있다. 합조단은 폭발 직후 생기는 알루미늄의 용해와 급랭각으로 비결정질의 알루미늄 산화물이 생겼다고 설명했다. 그리고 일부 사람들은 그런 현상이 실제로 가능하

다는 보고서와 논문이 있다고 주장하고 있다.

이승헌 간단히 설명을 하자면, 폭약에는 상당량의 결정질 알루미늄이 들어가는데 이 알루미늄이 폭발 후 온도가 올라간 후 냉각이 되면 어떤 물질이 되는지가 중요한 핵심 문제 중의 하나다. 합조단은 그 결정질 알루미늄이 폭발과정에서 100% 비결정질 산화알루미늄이 되어 엑스레이에 보이지 않는다고 주장한다. 그러나 산화알루미늄은 비결정질화되는 게 아주 어려워서 100% 비결정질화됐다는 것은 믿기 어렵다. 알루미늄의 일부만 비결정질로 산화되면 나머지 결정질 알루미늄에서 나오는 뾰족한 피크가 엑스레이 회절에서 나와야 한다. 만일 100% 비결정질화가 되었다고 하더라도, 엑스레이 회절에서 신호가 보이지 않는다는 것은 사실이 아니다. 결정질 물질에서 나오는 뾰족한 피크는 아니지만 넓은 피크가 특정한 위치에서 보여야 한다. 천안함 선체와 어뢰추진체에서 나온 흡착물의 에너지분광 데이터와 엑스레이 데이터는 서로 상충하며, 이 불일치는 과학적으로 설명할 수 없다. 자세한 과학적인 논증은 내가 영어로 쓴 페이퍼를 참고하기 바란다.

프레시안 폭발상황은 평형상태가 아니라 매우 극단적인(extreme) 상황이기 때문에 어떤 변수가 어떻게 작용할지 모른다는 지적도 있었다.

이승헌 극단적이든 어떻든 원자들은 남아 있다. 극단적인 상황이 지나간 다음에 온도가 낮아지면 어딘가에 원자의 흔적이 있어야 한다. 다른 원자와 결합해 어떤 물질을 만들었더라도 엑스레이

회절기에서 나타나야 한다. 이 경우에는 에너지분광기에는 나왔는데 엑스레이에서는 보이지 않을 수는 없다.

프레시안 어뢰추진체에 써 있는 '1번' 글씨에 관한 분석에서, 어뢰추진체에 최소 325℃의 열이 발생했고, 잉크 성분 중 비등점이 가장 높은 크실렌의 비등점이 138.5℃이기 때문에 잉크가 다 타버렸어야 한다고 주장했다. 그러나 폭발은 물속에서 일어났음을 고려해야 한다는 반론이 아직까지 나온다.

이승헌 복잡하게 얘기할 필요가 없는 반론이다. 결정적 증거물이라고 가져온 어뢰추진체의 표면이 녹이 슬어 있었다. 그건 폭발이 나서 어뢰 밖에 칠해져 있던 페인트가 타버렸다는 것이다. 잉크보다 비등점이 높은 페인트가 탔는데 잉크가 하나도 타지 않고 선명하게 남아 있을 수는 없다.

프레시안 잉크와 흡착물 문제 외에 추가로 제기할 문제는?

이승헌 다른 전문가들이 여러가지 많은 의문을 제기하고 있는데, 그런 부분에 대해서는 내가 뭐라고 말할 수 있는 정보나 지식이 없다. 나는 단지 합조단이 '과학적인 증거'라고 제기한 것들에 대해 그 분야의 전문가의 입장에서 그 '과학적인 증거'들의 타당성을 살펴보았을 뿐이다.

프레시안 그렇다면 천안함은 왜 침몰했다고 생각하나?

이승헌 정보가 충분치 않아서 뭐라고 할 말이 없다. 합조단이 모든 정보를 공개한다면, 여러 다른 분야의 전문가들이 합리적인 토론을 통해서 어느 누구도 납득할 만한 결론을 도출해낼 수 있을 것이다. 그러나 현재는 정보가 닫혀 있는 상태이다.

프레시안 왜 합조단의 발표에 관심을 가지게 됐나?

이승헌 합조단이 과학의 이름을 내세워 결론을 내렸고, 그 파장이 대단하다. 그러면 과학자의 입장에서 결론이 타당했는지, 데이터가 타당했는지 검증을 해봐야 한다. 내가 관심을 갖는 이유는 그 때문이다. 다른 이유는 없다.

최근에 민주당 최문순 의원이 나에게 자문을 구해서 일부 정보를 볼 기회가 있었는데, 만약 한국에서 이 분야를 전공하는 사람이 이 데이터를 봤다면 나와 같은 문제를 제기했을 것이다. 조금만 생각하면 문제점이 나오고, 며칠만 공부해보면 맞는지 틀린지를 어렵지 않게 알 수 있다. 그런데 정보가 차단되어 있으니까 학계에 계시는 분들이 말씀하지 못하는 것이다.

최문순 의원이 천안함특위 의원임에도 불구하고 모든 정보를 다 받지는 못하는 걸로 알고 있다. 내가 본 정보조차도 특위에서 여러 차례 요청를 한 이후에야 받을 수 있었다고 한다. 지금도 대부분의 자료가 비공개로 되어 있다. 이래서는 안된다. 열린 민주주의 사회라면 반드시 자정능력이 있어야 한다. 최대한 가능한 자료가 공개되어야 하며, 그것을 바탕으로 자유롭고 이성적인 토론을 통해 사회적인 합의를 이뤄내야 한다. 그래야만 우리 사회를 합리적인 사회라 부를 수 있을 것이다.

프레시안 천안함 문제로 한국사회의 이성과 합리성이 시험대에 올랐다는 말이 있다.

이승헌 사실 가슴이 아프다. 많은 사람들이 나와 마찬가지일 것이다. 1980년대 초 고대를 다녔다. 정부에 대한 반대가 전혀 허용되지 않았을 때다. 학생들이 교정에서 유인물을 뿌리면 5분 이내에 교내에 상주하던 경찰들에게 목덜미를 잡혀 끌려갔다. 나는 전혀 운동권이 아니었지만 그런 모습을 보고 안타까워했었다. 그런데 요즘 다시 한국사회가 그런 분위기로 되돌아가는 것 같아 걱정스럽다. 목덜미를 잡혀 끌려가는 건 아니지만, 정부의 천안함 결론에 대해 문제를 제기하는 신상철씨, 박선원 박사, 도올 김용옥 선생, 심지어 이정희 의원까지도 국회에서 했던 말 때문에 고소됐다. 이것은 현재 우리 사회가 합리적인 사회가 아니라는 것을 보여줄 뿐이다.

예를 들어 도올 선생. 그분의 주장을 전적으로 따르고 말고를 떠나서, 그처럼 생각이 깊고 많은 지식을 가지고 있는 분이 한국에 있고 동시대를 살고 있다는 것에 대해 감사하다는 생각을 한다. 그의 생각과 말에 100% 동의하지 않더라도 그런 분들은 사회적으로 존중해줘야 한다. 그런데 그런 분이 자기와는 다른 생각을 강연에서 말했다는 이유로 고소하는 사회는 건강한 사회가 아니다. 합리적인 사회라는 게 모두가 진보적이어야 한다는 말은 결코 아니다. 건전한 진보, 건전한 보수가 서로 존경하면서 합리적으로 이성적으로 토론해야 한다.

정보를 철저히 통제하며 사회의 이성적인 토론 과정이 없이, 불일치하는 점이 많은 데이터에 기반을 두고 성급한 결론을 내린 후 그 결론으로 국제사회를 설득하려고 하고 있는데, 현재 진행상황으로 보았을 때는 정부가 국제사회로부터 바라는 것을 얻기는 어려워 보인다. 개인적으로 가장 안타까운 것은, 우리의 김연아나 박세리 같은 뛰어난 국민 개개인이 세계 무대에서 대한민국이라는 이름을 드높여왔는데 이번 일로 하여 국격이 많이 손상이 되지 않을까 하는 것이다.

프레시안 앞으로의 계획은?

이승헌 내 지식이 필요한 곳이 있으면 언제든지 이 문제를 푸는 데 힘을 보태겠다.

하루 후 『프레시안』 황준호 기자가 전해오길, 자기가 입사한 후 8년간 쓴 기사 중 가장 높은 클릭 수를 기록했다고 한다. 일개 과학자인 나의 인터뷰가 이렇게 커다란 반향을 일으켰다는 것은 그럴 만한 이유가 있을 것이다. 합조단이 일반인으로는 이해하기 매우 어려운 소위 과학적인 데이터들을 들이대며 자기 주장을 하는데, 이에 대해 과학자가 나서서 이것은 이것이고 저것은 저것이다라고 진실을 말해주기를 사람들이 너무나 고대하고 있었다는 것을 보여주는 게 아닐까.

그동안 이러한 중대한 사건에 과학이 이용될 때마다 우리 과학자는 침묵을 지키거나 일부 극소수는 5공 전두환정권의 금강산댐 때처럼 정치에 부역을 하며 거짓을 이야기했는데 지금은 그때와 다르지 않은가. 한국사회가 지난 20년 동안 모든 면에서, 특히 민주화의 측면에서 엄청나게 발전하지 않았는가. 70, 80년대에 민주화운동에 몸소 뛰어들었든지 뒤에서 지켜보기만 했든지 그 치열했던 시대에 청춘을 보낸 40대와 50대 초반의 세대가 있고, 지난 10년간의 두 민주정부 시기에 민주사회의 자유와 다양함의 즐거움을 만끽한 20, 30대의 젊은 세대들이 있지 않은가.

그런데 이명박정부와 군부, 그리고 보수언론들은 이렇게 발전한 사회역량을 과소평가하고, 옛날 80년대 독재체제하에서처럼 과학자들이 침묵할 거라고 생각하고, 다시 과학을 정치에 이용하려 하지 않았는가. 한국사회를 우습게 본 것이다. 특히 과학계를.

삼성그룹의 이건희 회장도 어느 연설에서 한국사회가 다 발전하였는데, 발전 안된 곳이 하나 있다며 그것이 정치라 했다 한다. 내가 첨언하면, 정치뿐만 아니라 보수언론, 그리고 자기들에게 쓴 말을 한다고 진보언론에는 광고를 주지 않는 재벌들 또한 아직 옛날 사고방식을 갖고 있지 않나 싶다.

인터뷰 기사가 나간 후 뜻하지 않게 많은 격려 메일을 받았다. 잊고 있던 오래된 지인들이 소식을 전해왔고, 예전에 미국으로 유학 나올 때 내가 추천서를 써준 한 지인은 학위를 잘 마치고 지금은 미국의 어느 연구소에 있다는 연락도 해왔다. 주위의 많은 사람들이 성원하고 있다고도 했다. 내가 모르는 젊은 과학자들도 이메일을 보냈다. 보스턴에서 생명공학 박사후

연구원으로 있다는 한 젊은 과학자의 이메일은 감명 깊었다.

"오늘 우연히 프레시안의 인터뷰 기사를 읽고 딱히 어떤 말로 정리될 수 없는 복잡한 심정에 그냥 이렇게 무턱대고 글을 올립니다. 리영희 선생님의 말씀을 빌리자면 '지식인이란 자기가 속한 사회에 대해 책임을 지는 사람'이라고 합니다. 저 역시 그 말에 백번 공감하고, 또한 제 부족한 역량도 감안하여 60% 과학자, 40% 지식인의 삶을 살아보자고 어느날인가부터 고민해왔었습니다.

하지만, 지금, 아니 근현대사의 대부분 기간 한국사회는 진정한 지식인을 허용하지 않는 분위기입니다. 때로는 절망하고 때로는 분노하며 또 때로는 실낱같은 희망을 가지다가도, 인정하기 너무나 어려운 현실들 앞에서 과연 내 꿈이 가당키나 한 것인가 하는 의심만이 매일매일 쌓여갑니다.

지금보다 아주 젊었을 때는 정말 많은 변화를 꿈꾸었지만 지금은 단지 상식과 논리가 통하고 정의로운 자들의 승률이 5할 1리가 넘기만을 바랄 뿐입니다만, 이조차도 너무나 요원한 것이 지금의 현실이라고 느껴질 때마다 가슴이 답답합니다. (…)

복잡한 마음에 두서없는 글을 드렸습니다. 그나마 선생님의 글을 읽고 한줄기 위안을 얻었습니다. 감사합니다."

감동적인 이메일에 고맙다는 답장을 보냈다.

내 글에 열심히 응원의 댓글을 달아준 네티즌들과 Scieng(한국과학기술인연합) 홈페이지 등에 열심히 의견을 올려주신 과학·공학자들 모두가 나에게 큰 힘과 용기를 주었다. 너무 감사한 일이다. 이런 분들이 있어 한국의 미래는 밝지 않은가.

6월 9일(수) ~ 10일(목)

연구실 책상 앞에 앉았다. 실험결과를 정리해 다시 논문을 써 arXiv에 올리기로 했다. 논문을 쓰고 다른 예전의 논문들도 찾고 마지막으로 한두 가지 체크할 부분에 대해 몇 사람과 의논하느라 정신이 없는데 『한겨레21』의 하어영 기자로부터 인터뷰를 하고 싶다는 이메일이 왔다. 토오꾜오로 오면 응해주겠다고 짤막히 답장했다. 상사에게 해외출장 허락을 맡아야 하는데 기삿거리를 줄 수 없냐고 했다. 무언가 실험을 하고 있는데 그걸 이야기해줄 수 있다고 했다. 시간과 장소 등을 물어오길래, 먼저 출장 허락을 받고 토오꾜오로 와서 전화해라, 바빠서 더이상 이메일을 할 수 없다고 했다.

얼마 후 다시 연락이 왔다. 하기자는 회사에 강력히 주장하여 허락을 받았고 이곳으로 오겠다고 했다. 흠, 뚝심이 있는 친구로군. 그럼 오는 길에 도올 선생의 도마복음에 대한 번역서를 사달라고 했다. 그러마고 했다.

"열심이네." 혼잣말이 나왔다. 하기자가 그간 어떤 기사를 써왔나 보려고 『한겨레21』 홈페이지에 들어가보니 재미있는 풍

자코너를 연재하고 있었다. 나도 그중 몇꼭지는 재미있게 읽었던 기사들이었다.

새벽까지 논문을 끝내고 arXiv에 다시 올리고 집에 가서 잠을 청했다. 다음날 아침 일찍 연구실에 나와 있는데 8시경 하어영 기자로부터 전화가 왔다.

"토오꾜오입니다."

이곳을 찾아오는 방법을 알려주고 도착할 쯤에서 버스정류장으로 마중을 나갔다. 먹성이 좋아 보이고 머리카락이 더부룩하고 사람좋게 생긴 남자 하나가 차에서 내리며 날 보더니 손짓을 했다.

"하기자님이십니까."

"반갑습니다."

우리는 짧은 인사를 나누었다. 통성명을 하고, 바삐 택시가 서 있는 곳으로 걸었다. 택시 속에서 나의 실험에 대해 아주 간략히 설명해주자 하기자가 그건 『한겨레21』이 단독보도하게 해달라고 했다. 서교수와 다른 약속을 한 것도 있고, 한겨레가 이제까지 별로 시원치 않았잖느냐고 은근히 부아를 돋우었더니, 자기는 매주 천안함에 관련한 기사를 썼다고 강하게 주장했다. 나중에 서교수랑 셋이서 인터넷전화를 하며, 하기자가 토오꾜오까지 손수 날아와준 성의를 봐서라도 단독보도를 할 수 있게 하기로 했다.

연구실에 도착하여 실험결과에 대해 두시간쯤 설명했다. 하기자도 문과 출신이었다. 그러나 그의 순수한 의욕은 높이 살 만했다. 나중엔 나의 까탈스러운 성격을 알아채고는, 모르는 게 생기면 성격이 좋은 L군에게 질문하는 듯했다.

점심을 먹고 L군과 셋이서 연구실 앞에 있는 공원에 산책을 나갔다. 나는 왜 한겨레가 요즈음 시원치 않냐고 불평을 했다. 하기자 왈, "현정권 이래 광고가 뚝 떨어져서, 재정상태가 말이 아닙니다. 작년엔 정말 심각했죠. 그래서 선배들이 심리적으로 많이 위축되었어요."

교묘한 방법으로 언론 길들이기를 시도하는 정권이 한심하고, 한겨레 기자들의 심정을 이해하고 동정은 하지만 그렇다고 몸을 사리고 있으면 고정 독자층이 떨어져나가고 새로운 독자 또는 광고가 생기지 않을 텐데라는 생각을 했다.

하기자가 떠날 시간이 다가와 연구실에서 가져갈 자료들을 다 정리해주고 함께 버스를 타고 공항버스 정류장엘 갔다. 그런데 버스 시간이 비행기 시간과 맞지 않았다. 자칫하면 비행기를 놓칠지도 몰랐다. 황급히 기차역으로 뛰어갔다. 공항까진 열차를 두번 갈아타야 했다. 표를 끊고, 한번 갈아타는 데까지 같이 갔다. 두번째 열차를 갈아타는 걸 보며 작별인사를 했다. 열차가 떠나기 시작했다. 서로 웃으며 손을 흔들었다. 어쩐지 하기자가 믿음직해 보였다.

6월 18일자 『한겨레21』에 하어영 기자의 기사가 나왔다.

"어뢰 폭발물질은 없다"

천안함 민군합동조사단(이하 합조단)이 발표한 '어뢰 폭발로 인한 침몰'의 과학적 증거 가운데 하나는 천안함 선체와 어뢰 프로펠러에 흡착된 물질에 대한 분석결과였다. 그러나 이 분석결과에 '과학적 의문'을 제기하는 실험결과가 나와 주목된다.

합조단의 발표 내용을 재검토하는 실험을 진행해온 이승헌 미국 버지니아대 교수(물리학)는 6월 10일 『한겨레21』 취재진과 만나 "합조단이 내놓은 흡착물질을 폭발의 결과물로 볼 수 없다"는 결론에 이르렀다며 자신의 실험결과를 공개했다. 이교수는 현재 일본 도쿄대에 초빙교수로 와 있으며, 고체물리학 분야에서 활발한 활동을 하고 있다. 그는 "현재 의견과 사실이 뒤엉킨 천안함사건에서 진실을 밝힐 수 있는 가장 보편적인 검증방식은 실험과 그 결과물인 데이터"라며 합조단의 자료와 학계에서 공인된 실험을 통해 천안함 침몰원인에 대한 과학적인 검토가 이뤄져야 한다고 강조했다.

이교수의 실험결과를 이해하려면 먼저 합조단 발표 내용부터 차근차근 되짚어볼 필요가 있다. 합조단은 지난 5월 20일 조사결과 발표에서 세가지 흡착물질에 대한 분석 데이터를 어뢰 폭발이 있었다는 증거로 제시했다. 즉 △함수·함미·연돌 등 천안함 선체에서 발견된 흡착물질(이하 '선체 물질') △결정적 증거물이라고 합조단 스스로 표현하는 어뢰 부품의 흡착물질(이하 '어뢰 물질') △자체 수중폭발실험 뒤에 검출된 물질(이하 '실험 물질') 등 세가지를 합조단 내부에서 에너지분광기와 엑스선회절기로 분석한 결과물에 대한 설명을 통해 폭발물의 존재를 규명하는 것이 핵심이었다. 특히 중요한 것은 알루미늄의 존재다. 충격파와 버블제트의 효과를 만들어내는 현존하는 모든 어뢰에는 알루미늄이 들어가기 때문이다. 어뢰 폭발 때 흩어진 알루미늄 성분이 선체와 어뢰 부품에 흡착됐고, 수중폭발실험에서도 같은 현상이 확인됐다는 것이다. 당시 합조단이 공개한 에너지분광기 분석 그래프(①번 그래프 참조)에는 모두 알루미늄 성분이 표시돼 있다.

하지만 좀더 세밀한 분석이 가능한 엑스선회절기 분석결과는 에너지분광기와 달랐다. 알루미늄 성분이 '선체 물질'과 '어뢰 물질'에서는 검출되지 않고, '실험 물질'에서만 나왔다(②번 그래프 참조). 이에 대해 당시 합조단은 "폭발 전후에만 생기는 알루미늄의 용해와 급랭각으로 (알루미늄이 산화해) 비결정질 알루미늄 산화물이 생겼기 때문에 나오는 현상"이라며 "오히려 이것이 선체와 어뢰에서 나온 물질이 동일하다는 것으로 어뢰가 폭발했다는 결정적 증거"라고 강조했다.

무슨 말일까? 에너지분광기에서는 알루미늄을 구성성분으로 하면 알루미늄이든, 알루미늄 산화물이든, 비결정질 알루미늄 산화물이든 모두 알루미늄으로 측정되지만 엑스선회절기에서는 비결정질 알루미늄 산화물은 알루미늄으로 나타나지 않는다. 합조단의 설명은, 어뢰 폭발로 인해 알루미늄 성분이 모두 비결정질 알루미늄 산화물로 변했기 때문에 엑스선회절기에서는 알루미늄이 검출

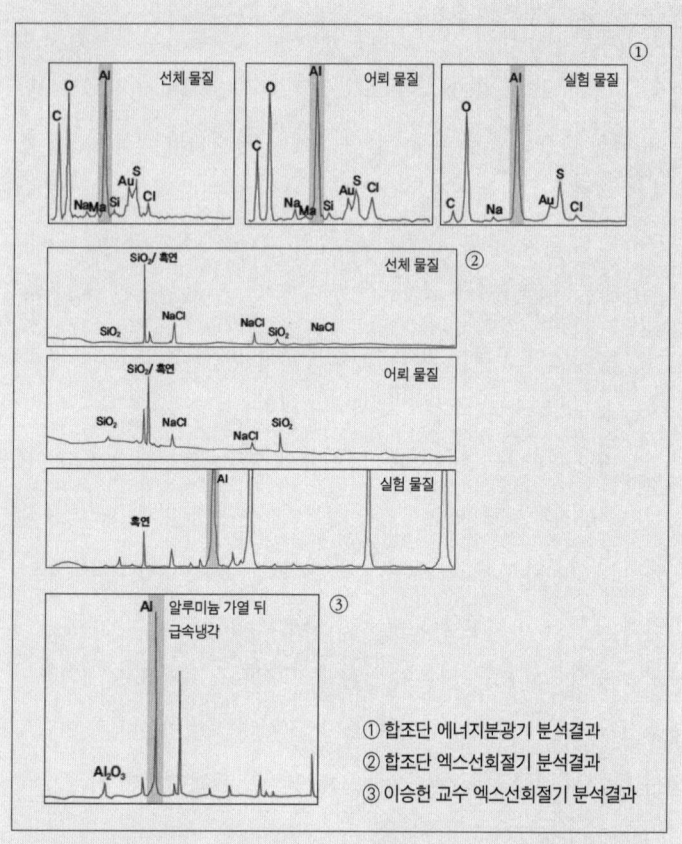

① 합조단 에너지분광기 분석결과
② 합조단 엑스선회절기 분석결과
③ 이승헌 교수 엑스선회절기 분석결과

되지 않는 게 오히려 당연하다는 것이다. (이때 엑스선회절기 분석
결과 '실험 물질'에서는 왜 알루미늄이 검출됐느냐는 의문이 생기
는데, 이에 대해선 상자기사 참조)

이교수는 이상과 같은 합조단의 데이터와 해명, 그리고 여기에
서 나오는 의문점 등을 토대로 실험을 진행했다.

우선 합조단의 말처럼 폭발에 따르는 고열로 인한 용해와 급랭각이 이뤄질 경우 알루미늄이 전부 다 비결정질 알루미늄 산화물로 바뀌는지 확인하기 위해 다음과 같은 실험을 했다. 99.99% 순도의 알루미늄 시료를 고열에도 녹지 않는 시험관에 담은 뒤 고열을 견디는 철사로 연결해 전기로(furnace)에 집어넣었다. 열은 알루미늄의 녹는점인 660도보다 훨씬 높은 1100도까지 올렸다. 1100도에서 40분 정도를 유지했다. 그리고 철사를 당겨 2초 이내에 상온의 찬물에 집어넣어 급속히 식힌 다음, 에너지분광기와 엑스선회절기 분석을 했다. 여기서 사용한 에너지분광기와 엑스선회절기는 대개의 물리학 연구소라면 보유하고 있는 범용성을 가진 장비다.

결과는 위의 ②, ③번 그래프에서 보듯 합조단의 폭발실험에서 나온 '실험 물질'의 그래프와 거의 비슷하게 나타났다. 알루미늄이 상당부분 검출된 것이다. 이교수는 이 결과에 대해 "고열처리와 급속냉각 과정에서 알루미늄은 부분적으로만 산화되는 것을 보여준다"고 말했다. 이런 결과는 합조단의 발표 내용과 정면으로 배치된다. 이교수는 "합조단의 발표처럼 알루미늄이 100% 산화될 확률은 0%에 가깝고, 그 산화된 알루미늄이 모두 비결정질로 될 확률 또한 0%에 가깝다"며 "합조단이 발표한 것처럼 모든 알루미늄이 100% 비결정질 알루미늄 산화물로 될 확률은 없다고 봐도 무방하다"고 말했다.

그렇다면 합조단의 엑스선회절기 분석결과 값이 의미하는 바는 무엇일까? 이교수는 말했다. "모래와 소금밖에 없어요. 폭발하고는 상관없는 물질들이죠." 합조단이 내놓은 엑스선회절기 분석결과를 논리적으로 따져보면, 알루미늄 성분이 애초 존재하지 않았고 폭발도 일어나지 않았다는 것으로 귀결될 수밖에 없다는 얘기다. 위에서 살펴봤듯 알루미늄이 폭발을 통해 100% 산화되고 비결정질로 변하는 것은 불가능하다는 과학적 근거에 기반한다. 그래프상에는 SiO_2, $NaCl$ 등의 성분만 나왔는데, 이는 모래나 소금에서도 검출되는 물질이라는 것이다.

다시 처음의 질문으로 돌아가자. 합조단의 에너지분광기와 엑스선회절기 분석결과는 왜 서로 모순될까? 이교수의 실험결과를 바탕으로 보자면, 에너지분광기에서 알루미늄이 검출됐으면 엑스선회절기에서 알루미늄이 나와야 하고, 역으로 엑스선회절기에서 알루미늄이 나타나지 않았다면 에너지분광기에서도 알루미늄은 검출되지 않았어야 한다. 이런 모순에 대해 이교수는 "조작 말고는 달리 설명할 길이 없다. 또 내가 합조단 편을 들어 만약 조작 없이 합조단의 데이터가 도출됐다고 하려면 0.0000001%처럼 불가능성을 의미하는 확률로 답할 수밖에 없다"고 말했다.

이 교수는 자신의 실험 결과를 논문으로 만들어 미국 코넬대에서 주관하는 과학논문 교류 싸이트(www.arxiv.org)에 올려놓았다.

합조단 분석결과의 모순

에너지분광-엑스선회절 결과 왜 다르나

천안함 민군합동조사단은 선체와 어뢰에서 채취한 흡착물질과 자체 실험 결과에서 나온 흡착물질 등 세가지를 분석해 어뢰 폭발이 있었음을 입증하려 했다. 그러나 이 세가지 흡착물질에 대한 에너지분광기 분석과 엑스선회절기 분석 결과가 서로 모순되는 상황에 빠졌다.

에너지분광기 분석에서는 세가지 흡착물질 모두에서 알루미늄 성분이 검출됐는데, 엑스선회절기 분석에서는 선체와 어뢰 흡착물질에서 알루미늄이 나오지 않고 폭발실험을 통해 얻은 흡착물질에서만 알루미늄이 검출된 것이다.

국방부는 이에 대해 엑스선회절기 분석에서는 알루미늄 성분이 나오지 않는 게 정상이라며 폭발실험에 오류가 있었다고 해명했다. "15g의 소량 폭약 실험을 통해 미량의 흡착물만 획득됐다. 부착된 흡착물이 소량인 관계로 흡착물질만 별도로 떼어내 엑스선회절 검사가 불가해 알루미늄 판재에 부착된 상태로 검사했다. (실험물질에서 나온 알루미늄 성분은) 그때 나온 알루미늄 판재의 결정질이다."(국방부 6월 7일 보도자료)

이승헌 교수는 이런 국방부의 해명에 의문을 품는다. "엑스선회절기 검사를 모르는 누군가가 내놓은 답변이죠. 엑스선회절기에 들어가는 물질들은 예외없이 유리받침 위에 올려지는데 알루미늄 판재가 들어간다는 것 자체가 어불성설이에요." 이교수는 "물론 합조단의 입장에서 말실수를 했다고 인정하더라도 합조단의 애초 전제가 부정돼 폭발의 논거가 되지 않기는 마찬가지"라고 말했다.

국방부의 해명이 진실이더라도 '상식과 어긋나는 실험'을 함으로써 스스로 데이터에 대한 신뢰를 잃어버렸다는 점은 여전한 논란거리로 남는다. 하어영 기자

제4장

『네이처』 기자를 만나다

6월 10일 (목)

『네이처』 뉴스 리포터 B씨에게서 이메일이 왔다.

"당신의 생각을 군사 관계 커뮤니티에 있는 몇 사람에게 주어봤더니, 별 호응을 얻지 못했다. 당신의 XRD/EDS 데이터 분석이 맞을 것임은 의심치 않으나, 더 큰 그림을 생각해야 하지 않나 싶다. 무언가가 틀림없이 천안함을 침몰시켰다. 그게 무엇이든 매우 강력한 것임에 틀림없다. 가장 좋은 후보는 어뢰인 것 같다. (…) 합조단의 실험 데이터에 무언가 이상한 점이 있다는 당신의 말이 옳다고 생각한다. 그러나 다른 대안이 없이는 당신의 이론을 확신할 수 없다. (…) 이것을 기사화할 수는 없겠다. 에디터 V씨와 다른 기자들을 알아보라."

라며 에디터 V씨와 데이비드 씨라노스키(David Cyranoski)라는 사람에게도 참조메일을 보냈다.

나는 즉시 "시간을 내주어 고맙다. 다음에 또 연락하게 되길 바란다"는 상냥한 답장을 보냈다.

한데 점점 가슴이 답답해져왔다. 이게 무슨 말인가. 합조단이 내세운 두가지 '과학적' 증거가 이상하다면, 한국정부가 주장하는 "천안함 침몰은 북한 잠수함이 발사한 어뢰의 폭발 때문이다"라는 말이 성립되지 않는 것이다. 그런데 내가 무엇이 천안함을 침몰시켰는지를 말하지 않으면 내 말을 믿지 못하겠다니. 무슨 이런 논리가 다 있는가. 그리고 지금 한국 사정을 몰라도 너무 모르지 않은가. 정부가 정보를 꽉 쥐고 숨겨놓은 채 찔끔찔끔 자기들 주장을 뒷받침하는 정보만 공개하고 있고 그 자료들조차도 문제점이 많다는 것을 모르고 있지 않은가.

몇시간 후 장문의 답장을 세 사람 모두에게 동시에 보냈다.

"다시 이메일을 보내 미안하다. 무엇이 천안함을 침몰시켰는지를 내가 말해야 한다는데, 상황이 그리 단순하지 않다. 우리는 무슨 일이 일어났는지 가설을 세울 만한 정보를 가지고 있지 않다. 납득할 만한 결론을 도출하는 데 필요한 모든 정보들은 한국정부에 의해 통제되고 있다. 합조단은 400페이지에 달하는 보고서를 썼다고 한다. 그러나 합조단 밖의 어느 누구도 그 보고서를 본 사람이 없다. (…) 우리는 오직 합조단이 공개

러시아는 별도의 조사단을 파견해 한국을 방문하여 조사를 마친 뒤 "(남한이 제시한 조사결과를 존중하지만) 동의 여부는 말하기 어렵다"는 입장만을 밝힌 채 본국으로 돌아갔다.

한 5페이지 정도의 요약본만 보았다. 내가 나의 분석에 이용한 합조단의 정보를 어떻게 얻었는지 아는가? 한국 국회에 천안함사건의 진상을 규명하는 특위가 있는데 집권당의 비협조로 인해 지금은 무기력하다. 그 특위에 속한 야당 의원이 합조단에 정보를 더 공개하라고 요구해서 며칠 후 얻은 정보 중에 다행히 XRD데이터가 있었던 것이다."

그러곤 한국에 조사차 왔다가 의심만 잔뜩 안고 돌아간 러시아팀에 대해 설명하고는 이렇게 말했다. "나 자신의 용융과 급랭각 실험 후 나는 이 사건이 제2의 황우석사건임을 확신한다. V씨는 알 것이다. 한국의 한 동물학자가 실험 데이터를 크게 조작하여『싸이언스』를 속여 논문을 발표한 사건 말이다. 천안함

케이스는 국제 외교무대에서의 황우석 케이스다. 여러 한국인들이 진실을 알리려고 노력하고 있고 결국에는 진실이 밝혀질 것이다. 조만간에······"

그때 나는 데이비드 씨라노스키가 누군지도 몰랐고, 나의 마지막 문장이 그에게 호소력이 있을지도 몰랐다. 기대가 크면 실망도 크다고, 조금은 허탈한 심정으로 냉장고의 녹차를 마시며 L군과 이런저런 이야기를 나누었다.

그런데 한시간 후쯤 예기치 않은 이메일이 왔다. 데이비드 씨라노스키로부터.

"하이, 승헌. 이메일 고마웠다. 그것에 대해 더 듣고 싶다. 허나 내 짐작으로는 증거들을 모으기가 쉽지는 않을 것 같다. 한국 내에서 이 문제를 제기하고 있는 다른 사람들을 나에게 연결해줄 수 있느냐. 그리고 한국 국방부가 당신이 발견한 불일치에 대해 무어라 답변했느냐. 당신은 앞으로 어떠한 행동을 취하려 하느냐? 앞으로도 러시아 조사단에 대한 뉴스와 같은 다른 상황전개를 들으면 나에게 알려달라."

그의 뜻밖의 메일도 고마웠지만, 끝에 적힌 그의 직함과 주소가 더 눈에 띄었다.

『네이처』 아시아태평양 담당기자. 신주꾸구, 토오꾜오, 일본.

나는 즉시 답을 했다.

"하이, 데이비드. 당신이 토오꾜오에 있으니 우리 만날까? 나도 토오꾜오 근처에 있다."

한시간 후, 그로부터 답장이 왔다.

"좋은 생각이다. 얼마 동안 토오꾜오에 있느냐? 나는 다음주 금요일 미국으로 떠난다. 그러니 다음주가 가장 좋을 텐데, 화요일 오후에 볼 수 있느냐."

나는 다음주 월요일부터 목요일까지 다른 도시로 출장을 가기로 되어 있었다. 데이비드가 금요일에 미국으로 떠나니, 못 만나기 십상이었다. 여하튼 나는 내일 오후쯤 전화하라고 하고, 내가 가지고 있던 미국 AP통신 기사를 비롯한 자료와 내 사무실 전화번호를 이메일로 보내주었다.

6월 11일 (금)

『네이처』에는 공을 많이 들이기로 하고, 합조단의 두가지 과학적 증거의 허구성을 간략히 설명하는 한 페이지짜리 슬라이드를 만들기로 했다. 천안함 침몰을 북한산 어뢰의 폭발과 연결하려면 두가지의 논리적 단계를 거쳐야 한다. 첫째는 어뢰가 북한산이어야 하고, 둘째는 그 어뢰가 천안함 바로 밑에서 폭발했음을 주장해야 한다.

'1번' 마크는 첫번째 주장을 뒷받침하기 위해 제시되었고, 흡착물질의 EDS데이터와 XRD데이터는 두번째 주장을 뒷받침하기 위해 제시되었다. 그것을 도표식으로 만들어 보여주고 왜

두가지 모두 허구적인지를 설명하는 슬라이드를 만들었다. 그것을 데이비드에게 보냈다. 그후 외국기자가 연락해 오면 항상 그 슬라이드를 보내주었다. 효과적이었던 듯싶다.

오후 5시경 데이비드로부터 전화가 왔다. 그의 첫 질문은 합조단이 국제적으로 구성되었던데다가 현정부와 군부가 그런 엄청난 거짓말을 할 수 있을까 하는 것이었다. 문득 며칠 전 『프레시안』에 실렸던 석광훈씨의 기사가 생각나서 이야기해주자 데이비드는 관심을 보였다. 미국 아이오와함의 자체 실수에 의한 폭발사건에 대한 담당 해군의 증거 인멸과 왜곡을 다룬 기사였다.

참고자료를 아느냐고 해서, 찾아 보내주겠다고 하고 합조단 데이터의 분석과 나의 실험결과에 대해 설명해주었다. 그밖에도 몇가지 간단한 질문을 해와 설명해주고 계속 연락하자고 하고 전화를 끊었다. 그러나 그 과학적 디테일을 인문학 전공 출신인 데이비드에게 전화통화로 얼마나 이해시킬 수 있었는지는 나 스스로 자신이 서질 않았다.

곧바로 1989년에 일어난 미 해군 아이오와함 폭발사건과 그 조사과정을 담은 문헌의 목록을 석광훈씨의 기사 맨 끝에서 찾아 데이비드에게 보내주었다. 그리고 그에게 서재정 교수를 소개해주었다. 얼마 후 그 자료들이 매우 유용하다는 데이비드의 답장이 왔다.

그 사건은 함포사격 훈련시 폭발사고가 일어나서 47명이나 되는 미 해군이 사망한 사건인데, 최초 해군조사단은 함장에게 책임이 있는 안전사고임을 숨기기 위해 사망자 중 동성애자인 한명에게 모든 잘못을 뒤집어씌워 그 병사의 자폭테러로 조작을 했다. 그러나 그후 유가족들이 조사결과에 동의하지 않고 언론들이 조사단의 증거 불충분에 대해 문제제기를 하여 사건은 공론화되기에 이른다. 이어 의회에서 청문회를 개최하고 조사단이 제출한 증거들이 과학적으로 타당한지를 미국 에너지성(DOE) 소속인 쌘디아 국립연구소에서 40명의 과학자들이 검증작업을 했다. 여러 재생실험을 바탕으로 쌘디아 조사단은 그 사건이 안전사고일 가능성이 높다고 증언했다. 6개월에 걸친 치밀한 청문회 활동 후 미국 상원은 해군조사단의 결과가 의심스럽다는 결론을 내렸다.

석광훈씨의 기사를 읽으며, 한국 국회와 미국 국회의 활동상이 얼마나 다른지, 참 한심하고 안타까웠다. 그러나 이러한 국회를 만든 것은 투표권을 가진 국민들이니 어찌 국회의원들만 탓할 수 있으랴.

6월 12일 (토)

며칠 전 예기치 않게 오랜 친구로부터 이메일이 왔다. 군대에서 사귄 친구인데, 국제외교학 교수로 서울 소재의 어느 대

학에서 근무하는 W교수였다. 매스컴에서 합조단에 대한 나의
과학적인 반론을 정치 성향을 떠나 흥미롭게 보았다며, 토오꾜
오에 들를 텐데 한번 만나 이야길 나누고 싶다 했다. 워싱턴 근
처에서 마지막으로 가족끼리 식사를 한 지가 벌써 6년이 된, 보
고 싶었던 친구였다. 나는 반가운 마음으로 만나자는 답장을
띄웠다. 며칠 후 토오꾜오에 도착한 그가 연락을 해와 오늘 보
기로 했다.

아침에 그가 머물던 아시아회관 근처의 아오야마 잇초메역
으로 출발했다. 새벽에 연구실에 들렀다가 지하철역으로 자전
거를 타고 가는데, 조그만 흰색 승합차가 나를 지나치더니 바
로 앞에서 서서 내가 지나가는 것을 보고 다시 나를 지나쳤다.
이상하다 싶어 기차역으로 가지 않고 그 길가에 있던 나의 아
파트로 방향을 틀어 들어가는 척했다. 다시 거리로 돌아와보니
그 차가 방향을 틀어 이쪽으로 오고 있었다. 말끄러미 바라보
고 있으니 나를 30미터 가량 지나쳐서 길가에 차를 세우는 것
이었다.

토요일 이른 아침에 무슨 승합차가 주차장도 아닌 데서 서
있는 건가. 의심쩍어 길 건너에 있는 경찰서 지역본부 정문에
서 근무 중인 일본 경찰에게 다가가 영어로 왜 저 차가 서 있는
지 알아봐달라고 했다. 그런데 영어를 못 알아 듣는 듯했다. 웃
으며 뭐라 일본말을 하더니 다른 동료를 불렀다. 그도 마찬가
지. 다른 동료가 나왔다. 다행히 그는 영어를 조금 알아들었다.

넷이서 그 승합차에 다가갔다. 두 사람이 앞자리에 앉아 있었다. 한 경찰이 무어라 일본말로 하니, 두 사람은 아무런 대꾸도 없이 차에 시동을 걸고 가버렸다. 경찰들에게 고맙다는 말을 하고는, 역으로 향했다. 내가 너무 신경이 예민해졌나 싶기도 했지만 개운치 않은 마음은 가시지 않았다. 그 탓에 시간을 지체했다. 서둘러 자전거를 역에 세워두고 지하철을 타고 약속장소로 갔다.

벌써 40분이나 늦었다. 도착하니 친구가 의자에 앉아 오랜 기다림 후의 지친 표정으로 날 맞이했다. 아시아회관에 가서 아침식사를 하며 천안함사건에 대해 이야기를 시작했다. 그는 주로 나의 과학적 설명을 듣고 싶어했다. 그는 내 얘기를 듣고 있더니 그래도 북한이 하지 않았겠느냐 했다. 나는 말했다.

"증거가 없질 않느냐. 뭐가 그리 급해서 불확실한 증거로 결정을 내리고 유엔 안전보장이사회에까지 이 문제를 끌고 갔느냐. 보수언론들이 떠들고 있었으니 굳이 정부에서 결론을 내지 않아도 지방선거에는 정부가 원하는 효과가 있었을 텐데 굳이 그렇게 한 이유가 뭔지 이해가 되질 않는다."

"5월초에 여러가지 위험한 유언비어가 나돌기 시작하니까 정부로서는 상황을 정리할 필요성을 느꼈을 것이다. 그때 회의에서 몇사람이 심증만 가지고 강력하게 한쪽으로 주장하자 참석자들이 그쪽으로 쏠렸을 가능성이 있다."

그가 말했다. 문득 그가 청와대 내부사정을 잘 알고 있다는 느낌이 들었다.

"그러면 그 사람들의 책임을 추궁하고 사임을 시켜야겠구만." 나는 그렇게 말했다. 과학은 진실의 영역이고 정치는 믿음의 영역이다, 사실이나 거짓에 기반을 두고 이미지를 만들어 대중으로 하여금 믿게 하는 정치영역에 왜 과학을 끌어들었느냐고 나는 지적했다.

지방선거 결과에 대해서도 이야기를 나누었다. 난 북풍이 역효과가 있지 않았느냐, 그것은 그동안 성장한 한국의 민도를 보여주는 게 아니냐고 했다. 그는 중간선거에서는 항상 집권당이 지기 마련이고 북풍의 효과는 미미했을 것이라고 말했다. 정운찬 총리도 비슷한 말을 했던 것 같다. 헤어질 때 그가 말했다.

"국회에서 국정조사가 있으면 널 증인으로 부를 수도 있겠다. 오게 되면 과학자로서 과학적인 부분만 코멘트하라"고 충고해주었다. 물론 그럴 거라고 하고 또 만나길 약속하고 헤어졌다. (다음날 선거 전 이틀 동안 젊은층 10%가 북풍 때문에 지지정당을 바꾸었다는 여론조사 결과가 인터넷 기사로 올라 있어 W교수에게 보내주었다.)

오후 6시경 데이비드로부터 이메일이 왔다.

"다음주에 워싱턴 D.C.에 있을 텐데 합조단에 연관이 있었던 미국측 사람들을 만나려 한다. 누구를 접촉해야 하는지 아느냐?"

데이비드가 본격적으로 취재할 모양이다. 서재정 교수와 최문순 의원실의 김용철 보좌관에게 미국측에서 누가 왔는지 아느냐고 이메일을 띄웠다. 김보좌관으로부터 "(한국)정부는 외국 조사위원에 대해서는 명단 공개를 하지 않고 있습니다"라는 답장을 받았다. 데이비드를 만나서 설명해주어야겠다는 생각이 들었다. 해서 다음주 출장을 하루 일찍 끝내고 돌아와 목요일(6/18)에 만나봐야겠다고 생각했다. 나는 그날 만날 수 있느냐고 데이비드에게 물었다. 그는 그날은 학회 참석을 약속해서 내가 있는 곳으로 못 올 것 같다고 해서 내가 학회가 열리는 곳으로 가기로 했다. 만나기로 한 장소와 시각은 롯뽄기역의 다음 역인 히로오역 앞에 있는 코베야 빵집 앞. 오후 4시 10분.

6월 13일 (일)

최문순 의원실의 김용철 보좌관에게 최의원을 통해 합조단에 다음과 같은 요구를 해달라고 부탁했다. 며칠 후 노종면 기자의 연락이 왔을 때도 같은 내용의 부탁을 이정희 의원실에 전해달라고 했다.

(1) 흡착물질들을 공개하고 (2) 사용된 EDS와 XRD 기계의 사진을 공개하고 (3) 합조단의 모의 폭발실험을 객관적인 국제팀에 의해 재실행하도록 하라.

그후 김보좌관이나 노기자와 이메일이나 전화통화를 할 때마다 같은 당부를 했다. 나로서는 합조단의 흡착물질에 대한 증거 인멸이나 훼손이 염려되었다.

6월 24일경 노기자로부터 연락이 왔다. 이정희 의원실에서 합조단에 흡착물질을 요구했더니 천안함 선체의 흡착물질(AM-I)과 어뢰추진체의 흡착물질(AM-II)은 주겠다고 했는데 모의 폭발실험에서 나온 흡착물질(AM-III)에 대해서는 아직 확답을 하지 않았다는 것이다. 뭔가 확실히 냄새가 나기 시작한다.

다음날 노기자에게서 전화가 왔을 때, 나는 웃으며 "모의 폭발실험 흡착물질의 EDS데이터가 조작되었군요"라고 말해주었다.

6월 14일 (월)

상황이 급변하고 있다. 유엔 안보리 이사회가 주말 전쯤 모임을 갖는다는 것이다. 한국 합조단 대표들이 뉴욕에 가서 안보리 이사회를 상대로 설명회를 가질 거라 한다. 답답했다. 조작이 아니라면 설명할 길이 없는 데이터를 근거로 유엔까지 이 문제를 가지고 가는 한국정부의 무모함에 어처구니가 없었다. 한국 내에서 반대의견이 있음을 보여주기 위해 과학자의 입장에서 합조단의 데이터가 엉터리임을 유엔에 알려야 한다는 생각이 들었다.

오후 4시 16분. 반기문 유엔 사무총장에게 이메일을 보냈다. "유엔 안보리가 천안함사건에 대한 모든 자료를 다 받기를 바랍니다. 이번주 『한겨레21』에 저의 인터뷰를 토대로 합조단이 결정적 증거라고 제시한 흡착물질 데이터에 의혹이 있다는 기사가 커버스토리로 나왔습니다. 참조하시길 바랍니다."

참여연대가 자체 보고서를 만들어 유엔 안보리에 보냈다고 한다. 그 보고서를 보니 내 논문도 인용되어 있었다. 잘했군. 나도 과학자의 입장에서 유엔 안보리에 편지를 보내는 게 좋겠다는 생각이 들었다.

저녁에 서재정 교수와 인터넷전화로 통화를 하다 참여연대 보고서 이야기가 나왔다. 오늘 참여연대가 지난달 발간한 『천안함 이슈 리포트』의 영문판을 유엔 안보리에 보낸 사실이 밝혀지면서 한나라당과 정부를 위시한 보수진영으로부터 맹공을 당하고 있다는 것이다. "반국가적 이적행위" "어느 나라 사람이냐" 하는 어처구니없는 말들이 쏟아져나왔다. 우익단체 회원들이 참여연대 사무실 앞으로 몰려가 물리적인 공포 분위기를 조성하는데 경찰은 팔짱을 끼고 방관하는 사태까지 벌어지고 있었다.

『프레시안』의 한 기사에 의하면, 천안함사건과 관련된 의혹을 인터넷 등에서 제기했다는 이유로 60명 정도의 시민들이 경찰 조사를 받고 17명이 기소되었다고 한다. 유언비어를 퍼뜨린

죄라고 한다. 이게 대체 민주사회에서 일어날 수가 있는 일인가. 서교수와 함께, 참여연대에 우리의 연대감을 표시하고 또 우리의 과학적 분석결과도 알려주기 위해 우리 글들도 유엔 안보리에 보내기로 했다. 서교수가 유엔 안보리 이사국의 이메일 주소들을 알아보기로 했다.

6월 15일 (화)

데이비드 씨라노스키에게 참여연대가 유엔 안보리 회원국에 보낸 보고서들을 이메일로 보내주었다. 서교수가 미국에 6월 25일 간다고 했다. 박선원 박사도 그때쯤에 갈 것이고, 해서 두 사람이 데이비드를 워싱턴에서 만나는 것이 어떠냐고 제안해 보았다. (나중에 서교수와 박박사는 6월 25일 미국에 도착하자마자 데이비드를 만나 두시간 가량 이야기를 나누었다 한다.)

저녁에 참여연대 보고서를 다시 자세히 읽어보니, 거기에 합조단에 참가한 미국팀 단장의 이름이 적혀 있었다. 토머스 에클스(Thomas Eccles). 데이비드에게 그 사실을 알려주었다. 나중에 그에게서 에클스 장군은 인터뷰를 거절했고, 별 도움이 안되는 한 사람을 미국 국방부에서 소개해 인터뷰를 했다는 연락을 받았다.

6월 16일 (수)

『프레시안』에 나의 알루미늄 용해와 급랭각실험 결과를 기반으로 쓴 글을 발표했다. 합조단의 데이터는 조작으로밖에는 설명할 수 없다는 것이 나의 결론이었다. 글을 쓰는 데 서교수가 많은 도움을 주었다.

6월 17일 (목)

오늘은 『네이처』 기자 데이비드 씨라노스키를 만나는 날. 데이비드에게 설명을 잘하기 위해 오전 내내 자료들을 인쇄하여 두개의 폴더에 스크랩했다. 히로오역까지 얼마나 걸리는지 몰라 점심식사를 하는 둥 마는 둥 하고 오후 1시 30분경에 출발했다. 역에 도착하여 그가 알려준 대로 코베야 빵집에 찾으니 3시 30분이다. 너무 빨리 왔다. 헌데 빵집은 아주 작고 고객들이 진열대 앞에 서서 주문할 수 있는 공간밖에 없었다. 앉을 의자 하나도 없이. 가게 문 앞은 뜨거운 햇볕이 쨍쨍 내리쬐고 있었다.
빵집에 들어가 조그만 빵을 사서 앞에 나와 먹었다. 그래도 시간이 남아 길 건너 그늘진 곳의 벤치에 앉아 빵집 쪽을 바라보았다. 그러고 보니, 데이비드가 어떻게 생겼는지도 모른다는 생각이 들었다. 사진이라도 보내달라고 할걸.

시계가 없어 얼마나 시간이 흘러갔는지 몰라 조금 있다가 다시 빵집으로 갔다. 무더웠다. 가게로 들어가 음료수를 사서 마시며 땀을 식히고 서서 밖을 보다가 손님들이 들어와 다시 밖으로 나갔다. 지나가는 사람들 중 외국 사람들을 유심히 보았다. 저기 반바지 입은 사람일까? 저기 오는 양복에 넥타이까지 걸친 사람인가? 사람들은 그냥 지나쳐 갔다. 지나가는 행인들의 손목시계를 힐끔 쳐다보니 약속시간이 지나 있었다. 4시 15분. 흠, 늦는군. 휴대폰도 없고, 그의 휴대폰 전화번호도 가지고 오지 않았다는 걸 깨달았다.

다시 행인의 시계를 보니 이젠 4시 30분. 아, 못 오는 모양인가. 게다가 감청색 자켓까지 입어서 무더웠다. 얼마쯤 더 기다릴까, 그냥 돌아갈까 하다가 마음을 고쳐먹고 5시까지 기다리기로 했다. 어찌 알겠는가. 데이비드와의 만남이 향후 천안함사건의 전개에 있어 중요한 영향이 끼칠지를.

4시 40분경 키가 큰 30대 초반의 영화배우같이 잘생긴 사람이 허겁지겁 달려왔다. 보자마자 내게 "승헌?" 하고 물었다. "데이비드?" 우리는 서로 악수를 했다. 그는 내게 2시쯤 이메일을 보냈다 한다. 30분쯤 늦을 거라고. 답장이 없어서 못 만날까 조마조마하며 뛰어왔다고 한다. 우리는 근처 커피숍에 가서 바로 천안함사건에 대해 이야기를 시작했다.

데이비드가 맨 처음 한 질문은 북한 어뢰가 아니면 무엇이 천안함을 침몰시켰겠느냐였다. 그건 정보 부족으로 모른다고 했더니, 그래도 어떤 다른 가능성이 있어야 기자로서 이 문제를 파고들 수 있지 않겠느냐고 했다. 그의 처지가 이해되지 못하는 바는 아니었다.

나는 우선 AP통신의 기사를 보여주고, 최문순 의원실을 방문했을 때 얻어온 백령도 앞바다에 많이 설치되어 있다는 일명 고기아파트라는 철제 시멘트 구조물 그림을 보여주었다. 3미터에서 7미터 높이가 되는 이 구조물은 중간중간의 빈 공간에 물고기들이 모여들어 고기잡이에 편리하도록 하는 구조물이라 했다. 이것 때문에 큰 군함들이 들어오면 사고가 날 위험이 있다는 것이다. 더불어 AP통신 기사에서 미국 관리가 거론한 여러가지 가능성이 다 열려 있지 않느냐고 말해주었더니, 그제야 나의 과학논문에 관한 설명을 듣고 싶어했다. 그림을 그려가며 EDS와 XRD 원리를 설명하고 왜 합조단의 데이터가 조작되었다고 생각하는지를 말해주었다. 그는 아주 주의 깊게 들으며 가끔 질문도 했다.

한시간쯤 지나자 그는 문득 나에게 말했다.

"내가 황우석사건을 다루었다. 황우석 박사를 여러번 만나 인터뷰도 했다. 내 기사를 보고는 그가 날더러 거짓말쟁이라고 하더라. 거짓말쟁이인 그로부터 거짓말쟁이라는 말을 들었다."

그는 가벼운 웃음을 지었다.

"내가 처음 황우석 관련 기사를 쓰니, 그때는 아무도 날 믿지 않았다. 그런데 17개월 후에 결국엔 그가 데이터를 조작했다는 게 밝혀졌다."

아하, 그랬구나. 그 말을 들으니 데이비드는 이 천안함사건을 끝까지 파고들 거란 느낌이 왔다. 이 사건에 적격인 기자를 잘 만났군. 나는 내심 그렇게 생각했다. 자료를 정리해주고 헤어지며 악수를 했다. 그는 웃으며 "계속 연락하자"는 말을 남겼다.

연구실로 다시 돌아오기 위해 토오꾜오 지하철을 타니 퇴근 시간이 시작되어 사람들이 붐비기 시작했다. 오늘의 만남은 뭔가 성과가 있을 거란 생각이 들었다. 그후 데이비드와는 여러 가지 자료와 소식들을 주고 받으며 접촉을 계속하고 있다.

6월 18일 (금)

서교수와 나는 유엔 안보리 이사국들에 보낼 편지와 다른 자료들, 즉 서교수와 나의 논문들을 정리했다. 유엔의 한 NGO에서 일하는 이나래씨라는, 서교수가 아는 분으로부터 이사국들의 이메일 주소를 받아 이사국들에 보냈다. 안보리 이사회는 다음날에 천안함에 대한 회의를 가졌다.

그후 유엔 안보리에 보낸 것과 같은 자료들을 여러 군데에 뿌렸다. 나는 이것을 서울에 있는 미 대사관, 뉴욕타임즈, 그리고 평소 존경해오던 빌 클린턴 전 대통령에게 전해달라고 빌 클린턴 재단에도 보냈다. 서교수는 그것을 미 국무부의 지인에게 보냈다고 했다.

미 대사관에 보낼 때 나는 "천안함사건 진행과정에서 보여준 미국의 입장과 행동은 한국인들이 가지고 있던 미국에 대한 좋은 이미지를 더럽힐 위험이 있다. 오바마 대통령의 당선은 미국의 도덕성 회복을 의미하여 많은 사람들이 환호했는데, 그 이미지가 돌이킬 수 없이 손상될 위험에 처해 있다"라는 말과 함께 오바마 대통령에게 전해달라고 이메일에 써보냈다.

그후 서교수는 미 국방부의 한 관계자와 통화를 했다고 한다. 나는 두명의 미국 관리로부터 연락을 받았다. 먼저, 미 대사관에 있는 정치보좌관 W로부터 미국은 다국적팀으로 구성된 합조단의 결과가 진실임을 믿는다는 아주 짧고 성의없는 이메일을 받았다. 정치보좌관다운 지극히 정치적인 답변이었다. 또 한 사람은 미 국무부에 있는 과학담당 보좌관 K박사다. 통화하고 싶다는 이메일이 와서 전화번호를 알려주었다. 6월 28일 토오꾜오 시간으로 새벽 1시경 한두 시간쯤 전화통화를 했다. 그는 나의 논문을 읽으려 한다고 했다. 천문학으로 박사학위를 받았다 했다. 고체물리 전공은 아니지만 과학적 소양이 뛰어나 나의 설명을 쉽게 이해하는 듯했고 여러 질문을 해서 힘 닿는 대로 자세히 XRD와 EDS의 기본부터 설명해주었다. K박사가 더 연구해보고 질문이 있으면 연락하겠다며 전화를 끊었다. 그후로 그는 연락이 없었다. 그가 힐러리 클린턴 국무장관에게 보고했기를 바라마지 않는다.

제5장

마음을 움직인 한마디

2010년 6월 18일 (금) ~ 6월 22일 (화)

합조단 주장의 모순점들에 대한 논의의 물꼬는 여러 사람이 텄지만, 합조단이 결정적이고 과학적인 증거라고 제시한 흡착물질에 결정타를 날린 것은 양판석 박사의 EDS데이터 분석이었다. 내가 한 EDS실험에서 산소와 알루미늄 씨그널의 비율은 0.25 정도 되어 합조단의 값 0.9보다 훨씬 작았는데, 난 EDS 전공자가 아니어서 이것이 이상하다는 것만 논문에 언급하고 더나아가질 못했다. 그런데 6월 18일 아침에 연구실에 오니 양판석 박사라는 분으로부터 이메일이 와 있었다.

캐나다에서 활동하는 지질학자이며 EDS를 전공했다고 자기

소개를 한 후 양박사는 이렇게 적었다.

"당신이 합조단 보고서에 강력하게 문제를 제기하고 있는데, 나도 동의한다. 합조단의 핵심 증거들이 과학적으로 도전받고 있는데, 그것을 국제 외교무대에서 주장을 한다니 걱정스럽다."

그러곤 합조단의 EDS데이터를 보니 선체와 어뢰에서 나온 두 시료는 아무래도 산화알루미늄(Al_2O_3)이 아니라 수산화알루미늄($Al(OH)_3$) 같다고 했다. 폭발과 관련이 있는 물질은 산화알루미늄이며, 수산화알루미늄은 알루미늄이 물에 노출됐을 때 자연스럽게 생성되는 물질로 폭발과는 관련이 없는 것이다. 내가 이메일로 몇가지 간단한 질문을 하니 양박사가 잘 설명해주었다.

다음날엔 양박사가 Korearth.net이라는 한국의 지질학 네트워크의 홈페이지에 실었다는 글을 보내왔다. 그리고 다음주 화요일, 양박사가 자신이 산화알루미늄과 수산화알루미늄에 대해 EDS 씨뮬레이션을 한 결과를 보내주었다. 산소/알루미늄 비율은 산화알루미늄이면 0.23, 수산화알루미늄이면 0.89 정도가 되어야만 했다. 이것은 나의 알루미늄 용융냉각 실험 결과와도 일치했다.

양박사의 실험결과는 합조단이 제시한 천안함과 어뢰에서 나온 흡착물질들이 수산화알루미늄이고 폭발과 전혀 상관이 없음을 확실하게 입증해주었다. 이 사실을 언론에 알리는 게 어떠냐 했더니 흔쾌히 그러자며 한국의 언론매체 중에서 과거 황우석사건을 중점적으로 다루었던 『프레시안』을 선호해, 나는 즉시 황준호 기자를 연결해주었다.

양박사가 쓴 짧은 보고서를 바탕으로 이번에는 강양구 기자가 기사를 썼다. 황우석사건 때 처음부터 끝까지 문제를 날카롭게 파헤쳐 필명을 떨친 강기자가 천안함 문제의 과학적 검증부분을 맡기로 나선 것이다. 이 일로 강기자와 한두 번 전화를 했는데, 과학적 데이터와 논리에 대한 설명을 아주 쉽게 이해했다. 그동안 연락을 취했던 기자들하고는 전혀 다른 과학적 소양을 보여주었다. 며칠 후 강기자에게 혹시 학부 때 과학을 전공하지 않았느냐 물으니, 역시 생물학을 전공하였다 한다. 강기자같이 과학을 전공한 젊은 사람들이 언론사와 정치계, 관료사회에 많이 진출해야 한다.

(6월 24일 양판석 박사의 결과가 『프레시안』에 기사로 나왔다. 그후 잘 알려진 대로 양박사의 맹활약이 펼쳐졌다. 양박사의 씨뮬레이션 결과를 토대로 하니, 합조단의 주장에 대해서 자연적으로 의문이 하나 생길 수밖에 없다. 합조단의 폭발실험에서는, 폭발과정에서 적어도 알루미늄 가루들의 표면은 산소와 만나 산화되어 산화알루미늄이 되고 그것이 EDS실험에 검출되어야 한다. 따라서 폭발실험 흡착물질 EDS데이터의 산소/알루미늄 비율은 산화알루미늄에 해당하는 0.23 정도가 되어야 한다. 그런데 왜 폭발실험 시료의 EDS에서도 산소/알루미늄 비율이 0.23 정도가 아닌 선체와 어뢰의 다른 두 시료들처럼

0.9 정도가 나오는가? 그것은 다른 두 시료가 폭발물에서 나온 것이라고 주장하기 위해 이 세번째 시료의 EDS데이터를 조작한 것이 아니고는 달리 설명할 길이 없다.)

6월 15일경부터 전국언론노조에서 천안함 조사결과 언론보도 검증위원장을 맡은 노종면 기자를 통해 전국언론노조에 상담을 해주고 있었는데, 노기자에게도 양박사의 결과를 설명해주었다. 노기자가 말했다. 이정희 의원실이 합조단에 세가지 흡착물질을 달라고 요구했더니 천안함과 어뢰에서 나온 시료들만 주고 폭발실험에서 나온 시료는 주지 않았다 했다. 나는 폭발실험 시료의 EDS데이터가 조작됐다는 나의 짐작이 맞겠군 하고 생각했다.

시료를 안 주는 이유는 시료가 적고 또 XRD실험에 다 썼기 때문이라는 것이다. 노기자가 합조단이 이정희 의원실에 보낸 흡착물질 자료가 있다며 이메일로 보내주었다. 살펴보니, 알루미늄 판재 위에 있는 시료 III의 사진이 하나 있었다. 친절하게도 사진에는 플라스틱 자가 시료 옆에 놓여 있었다. 그래서 시료의 체적을 어림잡아 계산할 수 있었고, 적당한 밀도를 이용해 시료의 질량을 계산해보았다.

그 사진에 나온 한 시료는 아무리 안되어도 50mg은 족히 되었다. 폭발실험 중 그러한 시료들이 알루미늄 판재 표면 위에 최소한 20군데에 붙어 있었으니 합조단은 최소한 1000mg(=1g)의 시료를 가지고 있었다. 한번의 XRD실험에 드는 시료의 양은 고작 5mg 정도이고 EDS실험에는 무시해도 좋을 만큼의 극소량이 필요하다.

따라서 합조단의 해명과 달리 그들은 XRD실험을 할 때 알루미늄 판재를 댈 필요도 없었다. 알루미늄 판재에 붙어 있는 시료를 살살 털어서 그것을 보통의 유리판에 놓고 XRD실험을 하면 된다. 전혀 어렵지 않게 실험할 만큼 충분한 양의 시료가 판재에 묻어 있기 때문이다. 더구나 합조단은 수백번의 실험을 할 만큼 충분한 시료가 있었다. 고체물리 석사과정생 정도면 뻔히 알 만한 새빨간 거짓말의 연속이었다. 나는 그들이 알루미늄 판재를 대지 않고 실험을 했다고 믿고 있다. 공개적인 글을 통해 판재 없이 다시 실험하라고 했지만, 합조단은 거기에 대해 묵묵부답이다.

6월 21일 (월)

우리가 함께 쓴 글이 서너 번 한국 언론에 나간 후, 서교수와 나는 우리 주장이 한국 내에서는 알려질 만큼 알려졌으니 이제 해외 언론에 합조단 발표의 모순점들을 널리 알려야 한다는 의견을 나누어왔다. 외국 기자들과 이야기할 때마다 그들 모두가 한국정부의 공식 주장만을 알고 있고, 그에 대한 반론에 관해서는 무지하다는 점을 느껴왔기 때문이다. 이는 그 반론들의 대부분이 한국어로 그리고 한국 내 일부 언론들에서만 발표되었던 탓이 크다. 그래서 영어권에서 활동하고 있는 서교수와 나는 해외 언론을 상대하는 데 더욱 역점을 두자고 의견을 모았다.

전세계 과학계에 커다란 영향력을 지닌 『네이처』와 다른 외국 매체와의 접촉, 서교수와 내가 공동으로 쓴 영어 논문을 아시아 학계에서 어느정도 영향력이 있는 『아시아퍼씨픽저널: 재팬 포커스』(www.japanfocus.org)에 실은 것 등은 그러한 노력의 결과물이었다.

서교수와 통화를 하다가 그가 7월초에 학회 참석차 일본에 오는데 그때 토오꾜오 외신기자클럽에서 함께 기자회견을 하면 어떻겠느냐고 물어왔다. 그것 참 좋은 생각이다. 그러자고 했다. 서교수로부터 실무는 일본에 있는 한국인 L교수가 담당할 텐데, 그로부터 연락이 올 거라 했다. 과연 다음날 L교수로부터 기자회견 준비를 위한 이메일이 왔다.

6월 23일 (수)

S대 물리과에 재직 중인 O교수가 내가 있는 연구소 바로 옆 건물의 (나의 친구이기도 한) T교수를 방문했다. O교수는 세계 정세를 바라보는 시각은 나와는 조금 다르지만 보기 드물게

합리적이어서 평소 존경하던 분이었다. 나는 그분의 쎄미나가 끝난 후 내 연구실로 모시고 가서 두시간 정도 대화를 나누었다. 처음엔 북한이 하지 않았겠느냐, 합조단 발표가 맞지 않겠느냐 하셨다. 그러나 나의 실험과 씨뮬레이션 결과를 두고 한시간 반쯤 토론한 후엔, "이교수의 말을 들어보니 합조단 발표에 의문을 제기하는 이유를 알겠다" 하셨다. 『프레시안』에 실렸던 나의 인터뷰에 대해서도 잠깐 이야기를 나누었다.

그러고 나선, "합조단 발표에 의문을 가지고 있다면, 과학자로서 의견을 표명하는 것은 당연하다고 생각한다"고 하셨다. 한국 물리학계가 이 문제를 정식으로 다루어야 하지 않느냐고 여쭤보니 그것은 좀 곤란할 거라 하셨다. 내 바람에는 좀 부족했지만, 나에게 시간을 내주고 격려의 말씀까지 해주신 O교수님이 고마웠다. 다시 T교수 연구실로 모시고 가며, 이렇게 모든 사람이 정치성향에 관계없이 합리적이고 이성적인 대화를 나눌 수 있으면 얼마나 좋을까 하는 생각이 들었다.

일본에 있을 때나 나중에 미국으로 돌아왔을 때나 많은 물리학자들과 합조단의 흡착물질 EDS/XRD 데이터에 대한 양박사와 나의 논문에 관해 이야기를 했다. 나와 이야기한 모든 물리학자들은 나의 주장에 동의했다. 이름을 밝힐 수 없는 나의 오랜 공동연구 동료인 젊은 일본인 U교수는 나의 실험을 자기 일처럼 도와주기까지 했다. 간단한 실험을 통해 검증이 가능하다는 데 지적 호기심을 느끼고 날 도와준 것이다. 그 모든 물리학자들이 진보적이라고 생각지는 않는다. 특히 일본에서는 납치 문제로 북한에 대한 이미지가 좋지 않았다. 그럼에도 내가 과학적인 데이터와 분석을 바탕으로 합조단 주장의 허구성을 설명하면 다들 수긍하였다.

과학자들에게는 그 무엇보다 과학적 진실이 가장 중요하다. 어떤 주장이나 문제에 대해 그것이 과학적으로 검증 가능하면 철저한 검증을 통해 사실 규명을 하는 것이 과학자의 일상적 행위다. 이 검증과정은 참여를 원하는 모두에게 열려 있고, 다수가 참여하면 진실에 빨리 도달할 수 있다는 신념이 수천년 동안의 인류의 과학적 활동을 가능케 한 기본전제다. 합조단의 주장에 비판적인 의견을 내는 사람들을 빨갱이로 몰거나 심지어 고소하고 잡아넣으려 하는 이명박정부는 과학의 의미를 몰라도 한참 모르고 있는 것이다.

6월 24일 (목)

『프레시안』을 보다가 백낙청 교수의 인터뷰를 읽게 되었고, 며칠 전『한겨레』에 실린 백낙청 교수와 안병직 교수의 천안함 사건 관련 대담기사를 읽었다. 오늘은 인터넷에서 백낙청 교수가 날카롭게 현실적 핵심을 지적한 부분이 눈에 띄었다. 6·15 선언 10주년을 맞은 격려사였다. "지난 10년간, 경제를 포함한 이 나라 국민 생활이 6·15 공동선언이 안겨준 평화와 남북 협력을 바탕으로 영위되어"왔고 지방선거 결과가 말해주듯이 "6·15시대가 우리 삶의 일부로 체질화된 결과, 이제는 과도한 무리수를 두지 않고서는 6·15정신을 파괴할 수 없다는 자신감을 우리가 가져야 함"을 지적하는 대목이었다.

백낙청 교수가 젊었을 때 어떤 분이었는지는 잘 몰랐는데 리영희 선생의 『대화』에 의하면 60년대초 돈과 권력이 있는 집안의 자식들은 다 군대를 빠질 때, 하버드 박사과정 재학중 귀국하여 입대하고 군복무를 마친 분이라 한다. 또한 스물여덟의 나이에, 그후 한국 민주화운동의 한 축을 담당했던 계간 『창작과비평』을 창간한 분이 아닌가.

지금의 『창비』도 『창비』지만, 이 잡지는 특히 내가 대학을 다니던 80년대 초에는 깨어 있고자 하는 젊은이들에게는 빠뜨릴 수 없는 필독서였다. 소설과 시를 읽기 좋아했던 나는 지방 출신의 가난한 하숙생임에도 불구하고 호기를 부려 당시 출간된 『창비』 영인본을 구입한 뒤 그후 1년여간 돈에 쪼들렸던, 돌이켜보면 낭만적이라고 할 수 있는 추억이 있다. 현정부와 한나라당의 고위직 중에서 군 복무를 회피한 사람들이 헤아릴 수 없이 많은데 어찌 백낙청 교수 같은 분과 비교가 되지 않겠는가. 군 복무를 하지 않은 사람들이 '전쟁 불사'를 부르짖고 군 복무를 마친 사람은 '전쟁 불가'를 외치니 참으로 아이러니하지 않은가.

6월 24일 (목)

『토오꾜오신문』에 있는 모 기자로부터 한번 만나 천안함에 대해 이야기해줄 수 있느냐는 이메일이 왔다. 나는 그러자며 내 연락처를 알려주었다. 한데 한시간쯤 후 나의 일본인 친구 사또오 교수로부터 이메일이 왔다.『토오꾜오신문』기자가 내가 있는 토오꾜오대 연구소 사무실로 전화를 걸어 나를 수소문하며 인터뷰를 요청했는데, 사실이냐는 내용이었다. 이런 인터뷰 수락 여부는 기관의 공식채널을 통해 허락을 받아야 한다고 했다. 사또오 교수는 40대 초반인데도 실력을 인정받아 앞으로 일본 물리학계에서 중요한 일을 할 사람이었다. 그런데 나의 인터뷰가 나를 이곳으로 초빙해준 사또오 교수의 입장을 아주 곤란하게 할 것 같았다.

한참을 생각한 후, 한국의 문제인 천안함사건 때문에 나의 절친한 일본인 친구에게 불이익을 줄 만한 일은 삼가야겠다는 결론을 내렸다. 그 기자에게 인터뷰를 취소한다고 연락하고 서교수와 L교수에게도 사정을 간략히 설명하고 외신기자클럽 기자회견에 내가 직접 나서기는 어렵겠다, 자료를 만들어줄 수는 있다는 이메일을 보냈다.

얼마 후 L교수에게서 이메일이 왔다. 한번 찾아와 이야기하고 싶다는 것이었다. 해서, 그러라며 내 연구실 주소를 알려주었다.

6월 27일 (일)

한국에서 조카들이 방학을 맞아 열흘 정도 여행하러 일본에 왔다. 공항에서 두 조카를 만나 공항버스를 타고 집에 왔다. 둘 다 아주 착실하고 학업에 열중하고 있는 대학생들이다. 저녁에 L군도 함께 불러 간단한 음식과 사케를 마시며 이야기를 나누었다. 조카들은 나의 활동을 알고 있고 적극 지지한다고 해서 마음의 위안을 얻었다. 우리는 한담을 주고받으며 즐거운 시간을 보냈다.

다음날, L군과 조카 둘은 쿄오또에 며칠 여행을 하러 갔다.

6월 28일 (월)

L교수로부터 내가 있는 교정에 도착했다는 전화가 왔다. 주차장에 나가니 한국사람처럼 보이는 분이 계셔서 금방 알아보았다. L교수와 인사를 나누는데 뜻밖에 옆에 단아한 모습의 일본인 중년 여성이 있었다. J교수라 했다. 인사를 나눈 뒤 내 연구실에 와 이야기를 나누었다. L교수가 이르길, J교수는 일본에서 양심세력의 대모 같으신 분이라 했다. 일제시기 위안부 문제를 일본 내에서 여론으로 형성하는 데 많은 도움을 주셨다고 했다. 나는 진심으로 감사하다는 인사를 드렸다.

J교수가 말했다.

"천안함사건은 한국만의 문제가 아니라 일본의 문제이기도 합니다. 오끼나와 미군기지 문제도 연관되어 있습니다. 그런데 일본에서는 납치문제로 인해 북한에 대한 이미지가 너무 좋지 않아 일본 시민단체에서 이 문제에 대해 나서지 못하고 있습니다. 미국에서 활동하는 이교수가 과학자로서의 양심에 입각하여 토오꾜오에서 공개적인 기자회견을 해주면 일본사회에서 한 전환점이 될 수 있을 것입니다."

공감이 가는 말씀이었다. 허나 내 일본인 친구가 나 때문에 곤란에 처할 수 있어 망설일 수밖에 없다고 했더니, J교수가 조용히 말을 이었다.

"토오꾜오대가 외부의 압력에 굴할 정도로 만만한 데가 아닙니다. 토오꾜오대 교수들이 전문가 입장에서 이교수의 주장이 맞다고 판단하면, 이교수가 기자회견을 하는 것에 대해 과학자로서 당연히 해야 하는 일이라고 인정해줄 것입니다. 이교수의 일본인 친구가 그 일 때문에 불이익을 받는 일은 절대 없을 것입니다."

J교수가 나를 바라보았다. 그녀의 진실이 담긴 말이 나의 마음을 움직였다. 70, 80년대 암울한 한국 상황을 바라보며 김지하 구명운동, 김대중 구명운동 등을 통해 자신들의 일처럼 한국의 민주주의를 열심히 지원해주신 이러한 일본인들이 얼마나 고마운가. 이러한 양심적인 일본인들로 인해 한국인과 일본

인 간의 진정한 우정이 생기고 한일관계가 진정한 우애와 협력 관계로 나아가지 않겠는가.

하루만 생각할 시간을 달라고 정중히 말씀드리고 배웅해드렸다. 하루 곰곰이 생각한 후 기자회견을 하겠다고 L교수에게 이메일을 보냈다.

6월 29일 (화)

합조단이 천안함사건 발표에 문제를 제기한 언론3단체를 상대로 기자회견을 가졌다. 윤덕용 단장과 이근득 박사가 나와서 나와 양박사가 제기한 문제점들을 말도 안되는 논리로 반박하려 했다. 예를 들면 양박사의 EDS데이터에서 산소 대 알루미늄 씨그널의 비율이 산화알루미늄(Al_2O_3)이기에는 너무 크고 그것은 수산화알루미늄($Al(OH)_3$)임을 입증한다는 주장에 대해, 그들은 시료에 수분(H_2O)이 많이 있어서 그랬다고 했다. 그걸 말이라고 하는가. 석사과정 학생이라도 실험을 몇번만 해봤다면 EDS실험은 진공상태에서 진행되기 때문에 수분이 있을 수 없음을 잘 알지 않는가. 그리고 XRD데이터도 계속 100% 비결정질 산화알루미늄이어서 씨그널이 보이지 않는다는 말만 앵무새처럼 되풀이했다.

과학자는 특히 실험학자는 데이터에 충실해야 하는 게 기본

중의 기본이다. 자기가 세운 가설이 맞다는 확실한 데이터나 해석을 들고 나오든지, 자기 가설이 새로운 데이터나 해석과 맞지 않으면 과감히 버리든지 해야 하는데 윤덕용 단장과 이근득 박사는 원래의 틀린 주장만 되풀이한 것이다. 과학자의 기본양식마저 저버린 태도가 아닐까.

합조단 폭발실험에서 나온 시료의 XRD데이터에는 결정질 알루미늄 피크들이 있어서 선체와 어뢰의 흡착물질 XRD데이터와 불일치한다는 나의 주장에 대해 그들은 폭발실험 흡착물질의 시료 양이 적어 알루미늄 판때기를 잘라서 대고 했다고 하는데, 그게 말이 되는가. 첫째, 그들이 공개한 시료를 보니 시료의 양이 충분해서 판때기를 댈 필요가 전혀 없었다. 둘째, 판때기를 대고 실험을 해서 그런 결과가 나왔다면 이번에는 다시 판때기를 대지 않고 실험해보면 되지 않겠는가? 내가 이미 이것을 공개 제안했음에도 거기에 대해선 일언반구도 없었다. 셋째, 6월 11일 이정희 의원실에서 시료를 달라고 했더니 합조단은 천안함과 어뢰 프로펠러에서 나온 시료들은 주고 폭발실험에 나온 시료들은 주지 않았다. 시료들을 XRD실험에 다 썼다는 변명과 함께. 그러나 이것은 명백한 거짓말이다. XRD 실험은 시료를 상하게 하지 않는다. 따라서 XRD실험 후에도 시료는 그대로 있다. 합조단은 폭발실험에서 나온 시료의 사진을 공개했는데, 이근득 박사는 그 시료가 5월말에 XRD실험에 쓰인 시료인데 보관했다가 6월 21일 꺼내어 사진을 찍은 것이라고 했다. 그러니 자기들이 시료를 가지고 있다는 걸 시인한 셈이지 않은가. 거짓말을 해도 전혀 앞뒤가 맞지 않는 형편없는 거짓말을 하고 있는 것이다. EDS와 XRD에 대해 모르는 아마추어들이어서 이런 사태가 온 것인가. 아니 아마추어라서 그런다기보다 무언가를 은폐하려고 하는 것은 아닌가. 참으로 한심했다. 겨우 이 정도라면 과학자의 기본 소양을 철저히 내팽개친 것 아닌가.

6월 30일 (수)

나는 그간 천안함사건에 관해 계속 메일을 보냈던 세분의 한국인 교수에게 어제 합조단의 기자회견에 대해 이메일을 보냈다. 어제 arXiv에 뜬 나와 양박사의 공동논문(http://arxiv.org/pdf/1006.0680v4)도 함께 보냈다.

"윤덕용 교수가 한국정부의 주장을 계속 지지하기로 결심한 듯하군요. 제가 윤교수에게 보내달라고 했던 저의 예전 이메일이 전달되지 않았나보군요. 이 이메일을 그분께 꼭 전해주시기 부탁드립니다. 상황이 달라지지 않으면 그분과 제가 공개토론장에서 맞서야 될 것 같습니다. 다시 말씀드리지만, 저의 목적은 그분의 과학자로서의 명성을 훼손하는 데 있지 않습니다."
이 이메일이 윤덕용 교수에게 전해졌는지는 나는 알지 못한다.

7월 1일 (수)

『싸이언스』지의 데니스 노마일(Dennis Normile) 기자를 만나기로 한 날이다. 6월 22일경 그에게서 이메일이 왔었다. 내가 6월초에 『싸이언스』 에디터들에게 나의 논문을 보냈는데 에디터가 그 논문을 그에게 보내주었다는 것이다. 자기가 천안함사건 관련 자료들을 모으고 있는데 내가 다른 자료를 가지고 있으면 보내달라 했다. 그래서 양박사와 내가 쓴 논문을 보내주며, 내가 일본에 있으니 만나서 설명을 듣고 싶으면 연락하라고 답장을 보냈다. 그후 만나고 싶다는 연락이 와서 오늘로 날짜를 잡았던 것이다.

이번에는 미리 사진을 보내달라 해서 얼굴을 알아볼 수 있었다. 장소는 아끼하바라역 출구 앞. 20분쯤 일찍 나가 기다렸다. 도착시간쯤 데니스가 나타났다. 키가 그리 크지 않은 50대의 남자였다. 웃으며 인사를 하니 무뚝뚝하게 "하이" 하며 답했다.

근처 커피숍에 가서 이야기를 시작했다. 그간 2주일이 넘게 자료들을 가지고 있었음에도 전혀 읽어보지 않았다 한다. 해서 처음부터 상세히 한시간 삼십분 정도 설명을 해주었다. 얼마나 이해했는지 얼마나 수긍하는지를 알 수 없었다. 질문도 많지 않았다. 나는 일어서면서 당신이 윤덕용 단장과의 인터뷰 기사를 썼으니 그 후속기사를 쓰는 게 세계인들에 대한 도리라고 농담 반 진담 반으로 이야기했더니 그는 그냥 따라 웃었다.

오는 기차 안에서 뜬금없이 이준 열사가 떠올랐다. 고종의 밀사로 헤이그 만국평화회의에 갔다가 뜻을 이루지 못하고 자결하여 머나먼 이역에서 유명을 달리하신 이준 열사. 그분은 영어도 제대로 못했을 것이고, 어느 나라의 대표가 일본의 속국이 되어버린 조선이라는 힘없고 조그만 나라에서 온 관리를 잘 대해주었겠나.

나는 한국에서 태어나 자랐고 대학원 석사까지 한국에서 마쳤으나, 1989년에 미국으로 박사 공부를 하기 위해 건너갔다. 그후 박사학위를 받고 연구소에서 근무하다가 버지니아대학에 교수로 오게 되었다. 그러니까 21년을 미국에서 산 셈인데, 이젠 영어도 완벽하지는 않으나 그런대로 소통할 만은 하고 여기서 그리스계 아내를 만나 아이들도 낳고 올봄에는 그동안 줄곧 미루어왔던 미국 시민권도 취득했다. 미국 교수라는 직함이 있는 나조차도 자기 의견을 세상 밖으로 전파하기가 이렇게 어려운데, 당시의 이준 열사는 얼마나 무력감에 시달렸겠는가. 가슴이 아려왔다.

『싸이언스』 기자를 만났지만, 실속은 없었던 오늘은 시간만 까먹었구만 하는 허탈한 생각이 들었다. 그후 데니스로부터 만나준 것에 대한 감사와 기사화 여부는 편집자들과 상의하겠다는 내용의 이메일이 왔으나 결국 기사화되지는 않았다. 황우석 사건 때도 『싸이언스』는 진실이 모두 밝혀지기 전까지는 침묵했던 사실이 떠올랐다.

7월 2일 (금)

한국에서 O교수가 방문했을 때, 그의 쎄미나 후에 나에게 꾸벅 인사를 하는 한국 학생이 있었다. 인터넷을 통해 나의 천안함 관련 기사를 읽었다고 했다. 그때는 O교수를 기다리고 있는 터라, 그러냐고 하며 가볍게 인사만 나누었다. 그런데 그 학생을 오늘 점심시간에 구내식당에서 만났다. 저번에 인사를 제대로 해주지 못한 것 같아 같이 점심을 먹자고 청했다.

그는 한국의 박사과정 학생인데 토오꾜오대에 파견나와 있는 중이었다. 합조단 측 EDS/XRD 분석팀을 안다고 했다. 이근득 박사는 폭발 전문이어서 그 분야는 잘 모르고, XRD를 담당하는 국방과학연구소(ADD)의 한 연구원은 B대학 졸업 후 P대학에서 박사과정을 이수한 후 국방과학연구소로 갔는데 2년 전쯤 XRD를 배우기 위해 그 학생의 연구실에 연락을 했다고 했다.

산란실험을 통해서 물질의 결정구조를 연구하는 것은 장시간의 훈련이 필요하다. 그 실험방법은 고체물리 분야에서 가장 발달된 실험방법 중의 하나다. XRD기계를 어떻게 작동시키는지를 배우는 것은 쉽지만, 그 데이터를 분석하고 물질의 결정구조를 제대로 이해하는 데는 몇년의 반복된 경험이 필요하다.

2년 전부터 배우기 시작했고, 그 연구소의 특성상 직접 실험·분석을 하지 않고 주로 외부에 하청을 준다고 하니, 그동안 그 실험방법과 분석을 제대로 배웠으리라고는 생각되지 않았다.

'음 그러니까, 이 분야에서는 아마추어인 사람들이구먼' 하는 생각이 들었다.

7월 4일 (일)

그동안 내게 와 있는 두 조카들에게 거의 신경을 쓰지 못했다. 용돈을 좀 주며 알아서 토오꾜오로 다니며 둘러보라고만 했었다. 도무지 시간을 내서 함께 다닐 수 없었다. 둘은 자매지간인데 매일 밤 다음날은 어디 갈까를 의논하고, 나는 어디가 좋은 것 같다는 말을 해줄 뿐이었다. 둘 다 꼼꼼해서 일주일 동안 토오꾜오 내에서는, 여러번 일본을 왔던 나보다도 더 많은 곳을 가서 구경했다. 참 기특했다.

의학을 공부하는 조카 왈, 인상적인 것 중 하나는 일본 천황궁 바로 앞에 있는 카따노마루 공원 내에는 과학관이 하나 있는데 그 안에는 자전거, 자동차, 비행기 등 과학·공업시설 등을 잘 꾸며놓고 어린이들이 쉽게 이해하고 놀 수 있도록 해놓았다는 것이다.

한국으로 치면 경복궁 앞인데 우리는 어떠한가. 광화문광장에는 거대한 세종대왕 동상과 이순신 장군 동상만 있지 않나.

지난번 한국에 들어갔을 때 택시를 타고 그 근처를 지나간 적이 있다. 택시기사 말이 그 좋던 오래된 나무들을 싸그리 없애고 덩그러니 동상을 세워 참 안 좋아졌다고 했다. 세종대왕이 이걸 보시면 좋아했을까 하는 생각이 들었다. 과학을 중시했던 왕이셨으니, 당신의 동상은 조그맣게 하고 주위를 나무가 많은 공원으로 꾸미고 어린이들이 장영실 등 뛰어난 과학자들의 발명품을 쉽게 배우고 놀 수 있도록 공간을 만드는 것을 바라지 않으셨을까 하는 생각이 들었다. 물론 그게 꼭 광화문광장일 필요는 없지만 한국사회 전반에 만연하는 과학경시 분위기가 오버랩되어 씁쓸했던 기억이 있다.

한국 언론 중에서 제대로 된 과학란이 있고 과학에 대한 심층적인 기사들이 나오는 신문은, 내가 알기로는 『한겨레』뿐이 아닌가 한다. 몇번이고 강조하지만 과학을 전공했던 사람들이 언론, 국회, 정부에 얼마나 진출해 있는가. 시급히 개선되어야할 점이다.

아무튼, 일요일이기도 하고 며칠만 있으면 두 조카가 한국으로 돌아가니, 같이 토오꾜오에 나가기로 했다. 나로서도 그간의 일들을 내려놓고 잠시 머리를 식힐 필요가 있었다. 아침을 간단히 먹고, 기차를 타고 토오꾜오 시내로 나갔다. 하마리뀨(浜離宮) 정원 호수 한복판에 있는 나까지마 티하우스에 가서 일본차와 밤으로 만든 전병(煎餠)을 맛보았다. 이 티하우스는, 19세기 후반 메이지(明治)천황이 당시 미국 대통령직에서 퇴임하고 일본을 방문한 그랜트 장군과 함께 차를 마신 곳으로 유명하다.

잘 알다시피, 당시에 일본은 메이지유신으로 서구문물을 적극 받아들이며 근대화를 이룩했다. 반면에 조선의 지배층은 편협한 쇄국정책으로 고립되어 있었고 내부에서 일어난 동학혁명 같은 좋은 개혁의 기회를 줏대없이 외국군대를 끌어들여 깨어버렸다. 주체적으로 나라를 경영하는 것을 스스로 포기해버린 것이다. 해서 주변 열강의 군대들이 우리나라에 들어와 주도권을 놓고 전쟁을 벌이는 것을 바라보고 있을 수밖에 없었고, 이후 식민지가 되어버린 뼈아픈 과거를 가지고 있지 않은가.

이명박정권이 천안함사건을 제대로 된 증거도 없이 유엔 안보리에 끌고 가서 강대국을 비롯한 세계 여러 나라의 승인을 받으려 하고, 나중에는 일본 자위대가 참관하는 가운데 한미군사훈련을 하는 것을 보며, 우리의 구한말 치욕의 역사가 떠올랐다. 우리의 문제를 우리끼리 풀어보려 노력하기는커녕 설익은 주장을 국제무대에 올려 동족을 압박하고 고립시키려 하는 태도가 과연 훗날 우리 역사에는 어떻게 기록될까?

7월 6일 (화)

11시경. 뻬이징에 파견나온 『로스앤젤레스 타임즈』 아시아 담당 바바라 데믹(Barbara Demick) 기자가 전화를 해왔다. 약

한시간 동안 천안함사건에 대해 통화했다. 서울에서 5년 동안 근무했던 경험도 있다고 했다. 최근에 북한에 대한 책도 출간했다 하고 한국에 대해 잘 아는 것 같았다. 가끔 한두 마디를 한국말로 했다.

성의를 다해 나와 양박사의 논문에 대해 설명하고, 부식상태로 보면 어뢰추진체를 비롯한 잔해는 50일이 아닌 2~3년 동안 바다에 빠져 있었던 것 같고, 폭발 후 '1번' 표시가 그렇게 선명하게 남아 있을 수 없다고 설명해주었다. 7월 9일 토오꾜오에 있는 일본외신기자클럽에서 서재정 교수와 함께 기자회견을 할 거라 했더니 깜짝 놀라며 관심을 표했다. 12시경이 되어 서로 고맙다는 인사를 주고 받으며 전화를 끊었다. 이 기자는 나와의 인터뷰를 기사화할 것 같은 느낌이 들었다.

(그후 7월 23일자로 데믹 기자가 쓴 기사가 『로스앤젤레스 타임즈』에 나왔다. 도입부에 아주 간단히 미국 관리들의 천안함 침몰에 대한 공식 입장을 언급한 후, 한국정부의 발표에 심각한 의문점을 던지고 있는 사람들의 주장에 많은 지면을 할애했다. 신상철씨가 제기한 깨끗한 상태의 시신들에 대한 의혹과 바다에 죽은 물고기들이 없었던 점, 그의 천안함 좌초설을 언급했다. 서교수와 나를 미국에 있는 한국 출신 학자로 소개하며 '1번' 표시에 대한 우리의 의문점을 실었다. 내가 전화 인터뷰에서 말했던, 한국 인터넷에서 떠돌던 '1번' 아이폰 이야기, 즉 "만일 아이폰 뒤에 '1번'이라고 적으면, 그 아이폰이 북한제

가 되느냐"는 이야기도 인용했다. 그리고 어뢰의 부식 정도로 볼 때 그것은 고철 덩어리 창고에서 끄집어내서 언론에 보여준 것 같다는 나의 말도 전했다. 그리고 정부가 많은 정보들을 공개하지 않는다는 최문순 의원의 말을 언급하는 등 미국 주류 언론매체에서 처음으로 나온 매우 객관적인 기사였다.)

제6장

일본에서의 기자회견

7월 8일 (목)

기자회견 하루 전. 다시 한번 L군과 발표 연습을 하고, L군은 다른 약속이 있어서 가고 홀로 연구소 식당으로 저녁을 먹으러 갔다. 일본 된장국과 간단한 생선 요리를 곁들인 조촐한 식당 밥을 먹고 있는데 창 밖으로 사또오 교수가 걸어가는 게 보여 뛰어나가 그를 불렀다. 같이 저녁을 먹으며 이런저런 얘기를 나눴다.

식사 후 나는 사또오 교수와 헤어져 연구실로 돌아오고 그도 자신의 연구실로 갔다. 그런데 10분 후 그가 허겁지겁 다시 내 연구실로 달려왔다. 다소 흥분된 얼굴이었다.

"학교가 기자회견에 대해 알게 된 모양일세."

3시경에 일본 우익성향의 잡지에서 토오꾜오대 본부로 내가 그 학교 소속인지를 확인하는 전화가 와서 큰 난리가 났다는 것이다. 그 뒤로 계속 본부 관계자들과 이 연구소의 원장 간에 전화와 이메일로 어떻게 대처해야 할지에 대한 긴 토론이 있었다고 한다. 사또오 교수는 주로 다른 도시로 출장을 가는 탓에 그 토론에 참석하지 못했다가 나중에서야 이메일을 받았다는 것이다. 내가 속한 그룹의 리더인 S교수에게도 연락이 되었다 하는데, 연구원장이 기분이 좋지는 않은 것 같다는 말이었다. 사또오 교수와 S교수는 다음날 아침 원장실로 오라고 이메일을 받았다고 한다.

사또오 교수가 나도 그때 올 수 있냐고 물었다. 나는 그러겠다고 대답했다. 난 그에게 학교 관계자들에게 나와 양박사가 쓴 논문과 내가 준비한 슬라이드를 바로 보내달라고 부탁했다. 사또오 교수는 그러마 하고 자기 연구실로 돌아갔다.

홀로 생각했다. 올 것이 왔군. 내일 연구원장을 만나서, 과학자로서 진실을 추구하는 과정에서 이 기자회견이 얼마나 중요한지 이야기하고 끝내 허락을 못 받으면 초빙교수직을 내놓기로 마음을 먹었다. 하지만 나야 그렇다 해도 사또오 교수의 입장이 난처해지게 된다면 그건 정말 미안했다.

20분쯤 후, 사또오 교수가 전화를 했다. S교수가 지금 바로 날 만나기 위해 연구소로 오고 있다는 것이었다. 나는 담담한 마음으로 그를 맞을 준비를 했다.

잠시 후 사또오 교수와 심각한 표정의 S교수가 내 연구실로 왔다. 나는 먼저 이런 문제를 일으키게 되어 죄송하다는 말과 토오꾜오대와 연구소가 나로 인해서 일본정부로부터 불이익을 받게 된다면 내가 초빙교수직에서 물러날 의향이 있음을 이야기했다.

사또오 교수가 먼저 나의 실험과 분석 결과를 S교수에게 설명해달라고 말했다. 나는 슬라이드를 보여주며 왜 합조단의 EDS와 XRD 데이터가 과학적으로 설명이 안되고 왜 데이터가 조작된 게 분명하다고 생각하는지를 설명했다. 10분 정도 설명하자, S교수의 표정이 밝아지기 시작했다. 설명이 모두 끝난 후 잠시의 침묵 끝에 S교수가 입을 열었다.

"사또오 교수와 내가 당신 같았어도 과학자로서 당신이 하는 것과 똑같이 행동했을 것이오. 신분에 대해선 걱정 말고, 기자회견에서 토오꾜오대 소속이라는 것만 이야기하지 않으면 됩니다. 진심으로 기자회견이 잘되길 바랍니다. 내일 아침 일찍 원장님을 뵈러 갑시다. 지금 내가 연구실로 가서 이 발표 문건을 원장님께 보내고 이메일로 짧은 설명을 보내리다. 그분도 진지한 과학자이니 이해를 할 것이오. 내일 아침에 봅시다."

줄곧 긴장하며 앉아 있던 나의 친구 사또오 교수도 그때서야 고개를 끄덕이며 안도의 미소를 지어 보였다. 너무들 고마웠다. 자기 나라의 문제가 아님에도 과학자로서의 내 입장을 이해하고 진심으로 지원해주는 게 너무 고마웠다.

7월 9일 (금)

토오꾜오에 있는 일본외신기자클럽에서 기자회견을 하는 날 아침,『조선일보』에 나와 서교수를 음모론자로 몰아세우는 글이 나왔다. 한국이나 미국이 아닌 일본에서 기자회견을 하는 이유는 우리가 스스로의 주장에 대해 자신이 없어서일 거라고 했다. 그런 글을 쓰는 그 기자야말로 음모론자가 아닌가? 쓴웃음이 나왔지만 그냥 넘겨버리기로 했다. (하지만『조선일보』와의 악연은 여기서 끝나지 않고 기자회견을 마친 후에도 이어지게 된다.)

샤워를 하고 옅은색 셔츠와 감청색 재킷을 걸치고 사무실에 나갔다. S교수 방에서 잠깐 이야기를 나눈 후 함께 원장실에 갔다. 원장은 고체물리의 여러 분야를 섭렵하며 중요한 공헌을 해온 I교수다. 원장실에 들어가 인사를 하고 보니, 사무처에서 A씨도 와 있었다. 네 사람이 소파에 앉았다. I교수 앞에는 나의 슬라이드와 프린트된 논문이 벌써 놓여 있었다. 이야기를 시작할 때, 사또오 교수가 들어왔다. 잠시 설명을 하고, I교수에게 나의 기자회견이 학교에 누가 된다면, 나의 초빙교수직을 지금 사임하겠다고 했다. I교수가 손을 내저으며 가볍게 웃었다. 그럴 필요 없다고 했다. 내가 하는 행위가 과학자적 양심에 따른 것임을 이해한다고 했다. 어제와 마찬가지로 연구원장도 나의 입장을 이해해주었다.

여기에서 분명히 말해두고 싶은 것은 그들이 나의 분석결과와 주장 모두를 전적으로 동의했다고 하는 것이 아니다. 단지 짧은 시간이지만 내 분석결과와 주장을 검토해보니 타당성이 있어 보이고, 이것에 대해 확신을 갖고 절실함을 느끼는 내가 과학자로서의 소견을 밝히기 위해 기자회견을 하는 것을 같은 과학자로서 이해하고 동의해주었다는 것이다.

A씨가 오늘 하루는 개인 일을 하는 데 보내니, 당신의 3개월간의 계약에서 오늘 하루는 빼도 되느냐 하여 흔쾌히 그러라 하였다. 나의 기자회견에 대해 양해해준 점에 대해 진심으로 고마운 마음이 들었다. 그분들께 정중히 인사를 드리고 사또오 교수와 방을 나왔다. 그가 활짝 웃으며 나의 어깨를 두드리며 회견 잘하라 했다. 그의 진정한 우정이 너무도 고마웠다.

L군과 같이 회견장으로 출발했다. 외신기자클럽이 있는 빌딩에 도착해서 기자클럽의 간사로 일하시는 재일교포 정현숙 간사를 만났고, 그가 우리를 한쪽 대기실로 안내했다. 서교수와 L교수는 벌써 와 있었다. 다른 한국인 J교수도 있었다. L교수가 예상보다 기자들이 훨씬 많이 온다고 했다. 참가신청을 한 기자 수가 100명이 훨씬 넘어 원래 한 방만 쓰기로 했다가 옆방까지 틀 거라 했다. 오후 1시경 서교수와 나는 회견장으로 가서

간단히 리허설을 했다. 다시 대기실로 와 잠시 있었다.

정간사는 이런 말씀을 하셨다. 얼마 전에 현 태국정부로부터 국외추방을 당한 탁신 전 수상의 변호사라는 사람이 여기서 기자회견을 했다고 한다. 그때 태국정부에서는 아무런 연락이 없었다고 한다. 그런데 우리의 기자회견 사실이 알려진 후, 한국정부로부터 왜 이런 일을 하느냐는 항의전화가 여러번 걸려왔다고 한다. 언론의 자유에 대한 한국정부의 이해 부족에 기자클럽에 있는 동료들에게 참으로 부끄러웠다고 하셨다.

잠시 후 서교수와 나는 회견장으로 안내를 받았다. 문 사이로 의자에 앉아 있는 기자들이 보였다. 문에 다다르자, 안내자가 서교수와 나의 이름을 호명하며 우리의 입장을 알렸다. 플래시가 터지기 시작했다. 서교수의 뒤를 따라 걸어들어갔다. 긴장이 되었다. 의자에 앉자 더 많은 플래시가 터졌다. 심호흡을 하고 주위를 둘러보니 두 방이 꽉 차 있었다. 자리가 없어서 뒤편에 서 있는 기자들도 꽤 있었다.

기자들의 얼굴을 제대로 볼 수 없었다. 다시 심호흡을 하고 눈을 감았다. 사회자가 발언을 시작했다. 이 회견 사실이 알려진 후 기자클럽에 십여군데에서 전화가 왔는데 토오꾜오 주재 한국대사관에서도 전화가 왔었고 모두 '프렌들리'(friendly)하지는 않았다는 조크를 했다.

서교수가 먼저 프리젠테이션을 했다. 서교수의 발표 요지는, 6하 원칙에 근거하여 특히 언제, 어디서, 어떻게 천안함이 침몰

일본외신기자클럽에서 기자회견을 하는 서재정 교수와 저자

했는지 합조단이 전혀 일관되고 납득할 만한 자료나 주장을 제시하지 않았다는 것이다. 예컨대, 사건발생 시간에 대해 해군 작전사령부 시간과 합조단의 시간이 다르고, 최문순 의원에 따르면 합조단의 시간이 9시 15분에서 9시 45분으로 나중에 고쳐졌다고 서교수는 지적했다. 또한 사건발생 지점에 대해서는 KNTDS 좌표와 해군 좌표가 다르고, 침몰 원인에 대해서는 버블과 충격파의 효과에 대한 합조단의 주장이 틀림을 지적했다.

그리고 이어서 내가 일어서서 프리젠테이션을 했다. 나는 우선 첫번째 증거물인 어뢰추진부의 '1번' 표시는 북한사람이든 남한사람이든 써넣을 수 있으므로 북한 어뢰공격의 증거가 될 수 없다는 점과 합조단조차 잉크 성분 분석 결과 북한의 것이라 확정하기 어렵다고 인정했음을 상기시켰다. 주위의 페인트가 모두 타버렸는데도 유독 '1번' 글씨가 남아 있다는 점에 대해서도 의문을 제기했다. 그리고 두번째 증거물인 흡착물질들의 분석결과가 서로 불일치하는 점을 지적하며 천안함 선체와 어뢰에서 추출한 흡착물질은 폭발과는 아무 상관이 없다는 것을 논증했다.

나는 끝으로 약 6년전에 있었던 황우석사건을 상기시키며 데이터를 조작해서 저명 과학지에 논문을 실었던 이 사건이 어떻게 막을 내렸는지를 말했다. 합조단 발표에 대해서도 맹목적인 믿음이 아니라 사실을 보려는 노력이 필요함을 강조했다.

이어서 질의응답 시간을 가졌다. 많은 외국 기자들의 열정적인 질문이 있었다. 두명의 일본인 기자를 제외하면 대개는 미국과 유럽에서 온 기자들이었다. 질문하려는 기자들이 너무 많아 질의응답 시간을 15분 더 늘렸으나 일본 기자를 비롯한 외국 기자들이 제한된 질문시간을 다 써버려서 한국 기자들은 아무도 질문할 기회를 가지지 못했다.

회견이 끝난 후에도 기자들이 단상으로 몰려와 명함을 주었다. 그중에는 『조선일보』 토오꾜오 특파원도 있었다. 그는 나를 좀 만나고 싶다며 내 토오꾜오 연락처를 달라 했다. 아니, 오늘자의 같은 신문사 기자의 글도 읽어보지 않았나 싶어 퉁명스럽게 주최측에 알아보라고 했다. (그후 그 특파원이 기자회견에 대해『조선일보』에 쓴 글을 보았다. 우리의 주장에 대한 과학적인 분석은 전혀 없었고 음모론이란 식으로 씌어 있었다. 끝 문장이 가관이었다. 기자회견 중 영국 기자 한 사람이 서교수와 내가 북한으로부터 도움을 받았냐고 물었고, 우리는 웃으며 전혀 그런 일은 없고 나는 북한 사람을 본 적도 없다고 대답했었다. 그런데 그 글에는 그 질문만 자기의 음모론에 부합되게 인용되어 있었고 우리의 답변은 언급도 하지 않았다.)

나는 몇사람을 상대한 후 먼저 대기실로 돌아왔다. 서교수는 한국 기자들과 따로 회견을 한 후 나중에 왔다. 대기실에는 일본의 시민단체에서 오신 여러 분과 재일동포 몇 분이 와 계셨다. 일본인 J교수와 그 부군도 계셨다. 인사를 드리니 회견이 아주 잘되었다고 했다. 다행이다.

잠시 후 L교수가 들어왔다. 밖에는 한국 대사관과 정보부 쪽 사람들로 보이는 이들이 서성거리고 있다며 한동안 여기서 머무르자고 했다. 대기실로 찾아온 분들과 대화를 나누고 그분들이 가고 난 후에는, 서교수가 『아사히신문』 기자와 인터뷰를 했다. 통역은 L교수가 했다.

나는 토오꾜오대에 약속한 대로 기자회견 이외에는 일본 기자나 한국 기자들과 접촉하지 않았다. 서교수의 인터뷰가 끝난 후, L교수와 L군이 먼저 나가고 서교수와 나는 좀더 있다가 정간사와 함께 사람들이 잘 이용하지 않는 뒤쪽의 엘리베이터를 타고 주차장으로 내려갔다. 엘리베이터 안에서 우리는 우리에게 조국이란 무엇인가, 그리고 얼마 전 월드컵에서 정대세 선수의 눈물이 얼마나 많은 사람들을 감동시켰는지에 대해 얘기를 나눴다.

밖엔 비가 내리고 있었다. 정간사와 작별인사를 나눈 후 L교수 차에 탔다. 서교수가 쿄오또로 이동해야 해서, 토오꾜오역 내 음식점에서 회견이 성공적으로 진행된 것을 자축하는 저녁 식사를 술 한잔 곁들여 했다.

식사 후 서교수와는 미국에 돌아가면 가족끼리 한번 보자는 약속을 하고 헤어졌다. L군과 나는 지하철을 타고 연구실로 돌아왔다. 컴퓨터를 켜니, 『네이처』의 데이비드로부터 어떤 링크를 따라가보라는 이메일이 왔다. 클릭해보니, 그가 쓴 천안함 관련 기사가 『네이처』 인터넷판에 있었다. 양박사와 내가 쓴 논문을 인용하며, 합조단이 제시한 '1번' 어뢰는 천안함사건과 무관하다는 우리의 주장이 신상철씨의 주장과 함께 실려 있었다. 자타가 공인하는 세계 최고의 과학잡지가 우리의 주장을 실어주었다는 것은 천안함사건의 전개과정에서 정말 커다란 사건이 아닌가.

즉시, 아는 기자들에게 이 사실을 알려주었다. 역시나 한국 내에 커다란 반향을 몰고 왔다. 어느 네티즌은 고작 『네이처』 인터넷판이라고 깎아내렸다. 그러나 일주일 후 약간 축약된 데이비드의 이 기사가 7월 15일자 『네이처』 종이판에 나왔다.

한겨레 과학웹진 '사이언스 온'(http://scienceon.hani.co.kr)의 기사에서 오철우·하어영 기자가 지적했듯이, 이 『네이처』 보도의 의미는, "적어도 합조단의 발표가 '논쟁의 여지없는 공인된

Published online 8 July 2010 | Nature | doi:10.1038/news.2010.343

News

Controversy over South Korea's sunken ship

Physicists' research casts doubt on idea that North Korean torpedo downed vessel.

David Cyranoski

In May, two months after the sinking of a South Korean warship, the country released a report blaming its northern neighbour. That report soon came under fire from South Korean opposition politicians and an influential South Korean civil liberties group. Now some scientists are lending their weight to the critique.

On 26 March, the *Cheonan*, a patrol ship that monitored North Korean submarine activity, split in two and sank near the contested maritime boundary between the two countries. In a 20 May report the Joint Investigation Group (JIG), composed of civilian and military experts from Korea and some advisers from the United Kingdom, the United States, Sweden and Australia, concluded that North Korea had torpedoed the ship and was responsible for the deaths of 46 crew members.

The group's evidence included fragments of a torpedo found near the ship which had the same dimensions as torpedos pictured in North Korean munitions pamphlets and had ink marks identifying it as North Korean.

The controversy started before the report was even released. An expert placed on the JIG by the opposition party — Shin Sang-chul, a former officer in the South Korean navy who had also worked at a shipbuilding company — suggested that an accidental collision with a US warship, and not North Korea, was to blame. The United States and South Korea had been carrying out military exercises in the area at the time.

On 10 June, the People's Solidarity for Participatory Democracy, a Seoul-based organisation that acts as a watchdog on government authority, sent an open letter to the United Nations Security Council in which it raised eight questions concerning the contents of the JIG's report and six problems concerning the transparency of the investigation. The letter alleged that the report's claim that a torpedo-induced water column sank the *Cheonan* contradicted earlier testimony from survivors that they did not see a water column or only felt water droplets on the face. The letter also questioned why the supposed torpedo launch was not detected, despite active sonar equipment aboard the *Cheonan*.

New research suggests North Korea may not have been responsible for the sinking of the *Cheonan*.

Xinhua/Photoshot

Seung-Hun Lee, a Korean-born physicist at the University of Virginia in Charlottesville, says the most problematic part of the JIG's report is the linking of the adsorbed material on the propeller of the torpedo with that found on the ship. In the JIG's report, electron dispersive spectroscopy (EDS) analysis shows the samples to be nearly identical to each other and with those produced in a simulated test explosion: each has similar-sized peaks showing the presence of aluminium, oxygen, carbon and other elements. X-ray diffraction analysis likewise shows the torpedo sample to have the same signature as the ship sample. But on one point, the EDS data and X-ray data are different — the X-ray data lack any sign of aluminium or aluminium oxide.

The Joint Investigation Group presented fragments of a torpedo found near the damaged ship.

EPA/Photoshot

To explain the discrepancy, the JIG's report suggests that the aluminium had supercooled into amorphous aluminium oxide, rather than a crystalline form. Amorphous aluminium oxides do not produce an X-ray diffraction pattern.

But the supercooling of metals into amorphous forms is a delicate process, says Lee. "It's impossible that 100% of it would be amorphous," he says. Lee's own experiments show that aluminium in such conditions would primarily be crystalline.

Lousy job?

Lee posted his report online on 3 June. Experiments carried out independently by Pansook Yang, a technician specializing in mass spectrometry at the geological sciences department of the University of Manitoba in Winnipeg, found that the ratio of oxygen to aluminium in the rapidly cooling aluminium would be much lower than suggested by the JIG's data, which were added to Lee's online report on 28 June, suggest that the samples analysed by the JIG could have been from old, rusted aluminium.

Lee also says that the JIG did not explain why the blue ink on the torpedo that apparently identified it as North Korean did not melt, as the temperatures following its detonation were high enough to melt the point. "They did a lousy job in every sense," says Lee.

Lee admits that they cannot say with any certainty how the ship sank if a North Korean torpedo was not responsible, although they offer alternatives. The *Cheonan* might have been hit by a mine (probably a South Korean one, according to Jae-Jung Suh, a political scientist at Johns Hopkins University working in Washington DC), or it might have been rammed by another ship, as suggested by Shin.

The South Korean government has adamantly denied any fabrication or any major problems

『네이처』인터넷판에 실린 천안함 관련 기사

사실'에 속하는 게 아니라 '따져볼 만한 가치가 있는 논쟁거리'에 속해 있음"을 보여주는 게 아닌가. 일본, 그리고 미국, 유럽에서 활동하는 동료 물리학자 몇사람으로부터 그 기사를 보았다는 말을 나중에 전해들었다.

□ 7월 10일 이후 언론 보도

일본외신기자클럽의 기자회견은 제한적이나마 세계 언론에 큰 반향이 있었다. 영국과 인도 그리고 유럽 언론이 기자회견을 다루었고, 일본 내 언론은 여러 곳에서 보도를 했다. 미국 언론에서는 『미국의 소리』가 기사를 썼고 미국 군인사회에 영향력이 있는 『성조기』(*Stars and Stripes*)의 찰리 리드(Charlie

Reed) 기자도 기사를 썼는데 하루도 안되어 인터넷에서 사라지는 웃지 못할 촌극이 벌어졌다. 그 기자는 기자회견장에서 여러 질문을 했고 이 사건에 대해 관심이 많은 듯했다. 며칠 후 전화통화를 했는데, 미국에 있는 자기 상급자가 이미 천안함에 대한 회사의 입장은 며칠 전에 기사로 나왔다며 자기의 기사를 삭제하였다고 했다. 그가 한국에 체류 중인 한 기자를 소개해 주었는데 굳이 연락을 하지는 않았다. 회사의 방침이 그러한데 연락을 해서 무엇하랴.

한국 내의 조·중·동에서는 『조선일보』 토오꾜오 특파원의 기사를 제외하면 서교수와 나의 기자회견에 대해 일언반구도 없었던 듯하다. 이쯤 되면 더이상 언론이라고 부를 수 없지 않은가? 『한겨레』와 『프레시안』 등에서는 크게 보도되어 한국 내에서 반향이 컸던 듯싶다.

이후 서방의 여러 언론들로부터 접촉을 받았다. BBC 서울특파원 존 쑤드워스(John Sudworth)와 이메일과 전화통화를 했고, CNN의 로리 우레(Laurue Ure)와도 이메일과 전화통화를 했다. 둘 다 인터뷰 방송은 실현되지 않았다. 미국 캘리포니아에 소재한 공영 라디오방송 프로그램의 하나인 이언 마스터스 프로덕션(Ian Masters Production)에서 라이브 인터뷰 요청이 왔는데, 시간관계상 나나 서교수가 할 수 없었고 대신 쌘프란씨스코대학의 스캇 브루스(Scott Bruce) 교수가 할 수밖에 없었다. 브루스 교수는, 『아시아퍼씨픽저널: 재팬 포커스』에 실렸던 서교수와 나의 글을 자기들의 웹싸이트에 올려놓은 노틸러스(Nautilus) 연구소의 쌘프란씨스코 지부장이다.

엉뚱했던 것은 『워싱턴 타임즈』의 빌 거츠(Bill Gertz) 기자로부터 7월 27일 이메일로 인터뷰 요청을 받은 적이 있었는데, 답장을 보낸 후 그 신문사의 웹싸이트에 가보니 그 기자가 벌써 한국정부의 입장만을 반영해서 쓴 기사가 올라와 있었다. 나와 서교수는 연락이 닿을 수 없었다고 적혀 있었다. 내가 자료를 보내주었는데 그것에 대한 답장조차 없었다. 황당했다.

8월 4일에 미국 국무부의 대북제재조정관 로버트 아인혼(Robert Einhorn)이 일본의 미 대사관에서 북한과 이란에 대한 기자회견을 가졌다. 아인혼이 북한이 천안함을 침몰시켰다고 하자, 『싱가포르 비즈니스 타임즈』의 앤서니 로울리(Anthony Rowly) 기자가 서교수와 나의 토오꾜오 기자회견 내용을 언급하며, 우리가 주장한 새롭고 공정한 국제팀에 의한 천안함사건 재조사 실시에 대해 어떻게 생각하느냐고 질문했다.

아인혼은 그럴 필요성을 못 느낀다고 대답했지만, 아무튼 세계 여러 기자들에게 우리의 기자회견이 알려진 듯하고, 또 미국과 한국의 정부 관계자들도 틀림없이 알게 되었을 것이다. 그 관계자들도 유튜브에 오른 우리의 기자회견을 보았기를 진심으로 바란다.

일본외신기자클럽 2010년 7월 9일 기자회견 비디오

* 이승헌의 '1번' 표시에 대한 프리젠테이션 축약본
  http://www.youtube.com/watch?v=fh8apCZUODw

* 서재정의 프리젠테이션
  http://www.youtube.com/watch?v=YJuyuM555gY
  http://www.youtube.com/watch?v=aceTwog6UDA

* 이승헌의 프리젠테이션
  http://www.youtube.com/watch?v=XpZSHTon1b8
  http://www.youtube.com/watch?v=DGeZ-ZQGEic

7월 14일 (수)

오늘은 아들이 연구소 내에 있는 탁아소에 가는 첫날이다. 아침에 일어나 오랜만에 두 아이를 데리고 아내와 함께 걸었다. 아이들이 걷다가 길가에 피어난 조그만 들꽃들을 보고 "와" 하고 함박웃음을 지었다. 꽃 한송이를 꺾어 엄마에게 선물이라 주었다. 이제 아들은 손을 잡으려 하면 혼자 걷겠다며 뿌리치고 엉덩이를 좌우로 뒤뚱거리며 잘도 걸었다.

이렇게 평화롭고 행복한 순간만 있으면 얼마나 좋을까. 캠퍼스에 도착하니 조그만 호수에는 금붕어가 여유롭게 노닐고 길가의 복숭아나무에는 복숭아들이 열려 있었다.

아내와 딸은 곧바로 연구실로 가고 난 아들을 안고 탁아소에 갔다. 처음이라 낯설어 울음을 터뜨린 아들을 두고 연구실로 오니, 사또오 교수의 이메일이 기다리고 있었다. 『주간신초오(週刊新潮)』가 서교수와 나의 기자회견에 관한 기사를 실었는데, 우리를 음모론자로 몰아붙이며 내가 토오꾜오대 초빙교수라는 것까지 아주 선정적으로 썼다고 했다. 대학본부에서 어떻게 반응할지 걱정이 됐다. 언론에서 저런 식으로 기사를 써대니 파문이 크겠군. 가족이 다 왔는데 기어이 초빙교수직은 내놓아야만 할 모양이네. 그러나 애초에 이런 정도는 각오하고 있던 일 아닌가. 나는 담담하게 생각했다.

다른 일로 나의 토오꾜오대 체류기간 동안 여러가지 행정적 편의를 봐준 K상 사무실에 왔는데 행정과 직원이 노크를 했다. 내가 다른 사람과 이야기하는 것을 보고 그는 K상을 밖으로 불러 뭔가 말했다. 일본말이라서 무슨 내용인지 몰랐다. 그런데 방으로 들어오는 K상의 손에 그 잡지가 들려 있었다. 나는 잠자코 그 기사가 무엇인지 안다고 말했다. 그는 자리에 앉더니 나를 보며, 잠시 후 A씨와 S교수가 올 거라고 했다.

잠시 후 A씨와 S교수가 그 기사를 들고 들어왔다. S교수가 그 기사를 번역해주었다. 매우 왜곡되고 선정적인 내용의 기사였다.

나는 이 기자회견을 통해 토오꾜오대 관계자들이 입게 될지도 모를 피해를 우려했고 그래서 기자회견에서 내가 토오꾜오대 소속임을 전혀 밝히지 않았다. 그런데 막상 이런 기사가 나오게 되자 마음이 무거웠고 더욱 미안한 마음을 갖게 됐다.

그런데 그들의 반응은 정말 뜻밖이었다. S교수가 나의 기자
회견의 결과에 대해 논의가 있었다 했다. 결론은 기자회견에서
의 나의 발표와 행동은 아무 문제될 게 없다는 것이었다. 그러
고는 말을 이었다.

"우리가 이렇게 찾아온 이유는 이 주간지 기사가 이승헌 교
수님의 소속을 밝혔으니 학교 본부에서 교수님과 가족을 보호
할 필요성을 느꼈기 때문입니다. 그러자면 토오꾜오 경찰과 일
본 경찰청에 이교수님의 개인정보를 주어야 하는데 동의해주
시겠습니까?"

나는 처음에 귀를 의심했다. 책임을 지고 물러나야 할 거라
고 생각했는데 오히려 나의 신변보호를 위해 경찰에 협조를 요
청한다니.

"토오꾜오대는 이교수님의 보호를 위해 경찰이 필요하면 경
찰이 캠퍼스에 들어올 수 있도록 허락할 예정입니다. 그리고
다른 도시로 가는 것은 가급적 삼가시고, 꼭 갈 일이 있으면 며
칠 전에 알려주시기 바랍니다. 일본 경찰청이 그 도시에 교수
님의 행적을 미리 알려 보호대책을 세우도록 하겠습니다."

놀랍고도 고마운 일이었다. 그리고 나는 일본사회의 저력이
랄까 하는 것을 느꼈다. 더구나 과학을 하는 사람으로서는 사
회가 이 정도로 개인의 학문적 소신을 지키는 일을 지원해주다
니 더할 나위 없이 부러울 따름이었다.

내 연구실에 돌아오니, 아내가 근심어린 표정으로 우리 가족 괜찮느냐고 물었다. 바로 미국으로 돌아가는 게 어떠냐며 걱정을 했다. 나는 아무 일 없을 거라고, 어쩌면 일본이 더 안전할 거라며 안심을 시켰다. 무슨 일이야 있으랴만, 며칠 후 사또오 교수와 L군과 함께 토오까이에 실험을 하러 가기로 했는데, 나는 가족과 있기로 하고 L군만 보내기로 했다.

20일에는 『주간아사히(週刊朝日)』에서 두 페이지에 걸쳐 상세히 서교수와 나의 기자회견 내용을 편견없이 묘사한 기사가 나왔다. 그 기사는 토오꾜오대를 더욱 안심시킨 듯했다.

제7장

다시 시작된 논쟁

2010년 7월 15일 (목)

가족이 온 후 저녁에는 일을 못했다. 연구소에서 보조좌석이 달린 자전거 두 대를 얻었다. 우리가 머물던 아파트는 연구소와 기차역의 중간에 있었다. 자전거로 연구소나 역이 5분 거리였다. 매일 아침 난 딸을, 아내는 아들을 태우고 연구소로 향했다. 아들은 탁아소에 맡기고 딸은 연구실에 데리고 있었다.

두달 동안 아내가 두 아이를 돌보아서, 이제는 나의 몫이다. 딸이 연구실에서 그림을 그리고, K상이 빌려준 키보드로 피아노 연습을 하다가 지루해지면, 함께 공원에 있는 호수로 나갔다. 우리는 페달보트를 타고 호수의 잉어떼를 쫓아가며 놀다가 공원 내 놀이터에서 아이스크림을 사먹고 돌아오곤 했다.

오후 5시가 되면 탁아소에서 아들을 데리고 넷이서 자전거를 타고 역 안의 푸드코트나 한국 음식점에 가서 저녁을 먹었다. 딸과 아들은 떡국을 너무 좋아했다. 식당 주인분과 얼마 전에 인사를 나누었는데, 우리 가족이 가면 고맙게도 김치나 다른 반찬 하나를 써비스로 내놓고는 했다. 그 쇼핑몰은 커다란 건물 하나로 이루어져 있는데, 건물 한가운데에는 얕은 계단이 객석 역할을 하고 아래에는 공연을 할 수 있는 무대가 마련되어 있었다. 소규모 밴드가 와서 공연을 하면 계단에 앉아 감상하기도 하고 공연이 없으면 스피커에서 나오는 음악에 맞춰 춤을 추는 딸의 모습을 즐겁게 바라보았다. 딸아이가 무대와 계단을 오가며 춤을 추면 아들녀석은 누나를 따라다니며 자기도 춤추는 흉내를 냈다. 가끔은 번지점프대도 설치되어 딸은 하늘 높이 올라갔다 내려갔다 하며 나에게 손을 흔들었다.

주말이면 가족과 토오꾜오에 있는 공원들을 다녔다. 중국의 요순시절의 얘기가 떠올랐다. 임금이 외출하여 농부를 만나 임금이 누구인지 물어보니 그가 제 삶에 만족하여 임금이 누구든 알 바 없다고 하는 얘기를 듣고는 정치를 잘해 나라가 태평함을 알았다는 일화 말이다. 정치가 잘되면 사회구성원들이 정치에 신경 쓸 필요 없이 일상적인 삶에서 행복을 누릴 수 있지 않은가.

아무튼 가족이 오기 전에는 거의 매일 서교수와 인터넷전화를 했는데, 가족이 온 후에는 그러지를 못하고 천안함 관련된 일에도 거의 손을 대지 못하고 있다.

7월 16일 (금)

『한겨레21』에 충남대 노인식 교수에 대한 기사가 나왔다. (며칠 후 『민중의소리』에도 비슷한 내용의 노인식 교수 인터뷰 기사가 실렸다.) 그는 합조단의 일원으로 천안함 스크루의 변형상태 조사를 맡았는데 자신의 씨뮬레이션 결과가 합조단의 주장과 맞지 않는다고 증언한 것이다.

합조단은 어뢰 폭발 후 스크루 프로펠러가 갑자기 멈추어 관성의 힘에 의해 휘어진 것이라고 주장했다. 그런데 6월 29일 합조단이 언론3단체를 대상으로 한 기자회견에서 노종면 기자가 지적했듯이 날개가 휜 방향은 관성의 방향과 정반대였다. 합조단의 주장이 상식적으로 도저히 가능하지 않은 엉터리임을 분명하게 보여준 것이다.

거기다가 이젠 합조단에 참여했던 노인식 교수까지 과학적 씨뮬레이션 결과가 합조단의 주장과 다르다는 것을 증언한 것이다. 『한겨레21』과의 인터뷰에서 노교수는 다음과 같이 이야기한다. "프로펠러가 왜 그렇게 휘었는지는 솔직히 미스터리다. 엔진이 멈추고 기어 박스가 손상을 입는 과정에서 단순히

천안함사건의 의혹 중 하나는 우현 스크루가 기이하게 휜 현상이다. 합조단은 배가 갑작스럽게 정지하면서 관성력에 의해 스크루가 과도하게 휜 것이라고 해명했지만, 합조단 설명대로 관성력에 의한 것이라면 휘어진 방향은 정반대가 되어야 한다.

멈추는 힘만이 아니라, 뒤로 밀리는 힘과 다시 원상복귀하려는 힘 등이 복합적으로 작용한 것으로 보인다. 직접 씨뮬레이션을 해봤는데 천안함의 휨 상태를 정확히 재현하지는 못했다."

7월 27일 (화)

『한겨레』가 천안함사건과 관련한 특종보도를 했다. 기사에 의하면, 러시아 조사단의 보고서가 미국정부에 전달되었고 그것이 워싱턴에 소재한 한국대사관에 전달되었다는 것이다. 대사관에서 그 보고서를 한국어로 번역, 요약해서 서울로 보냈는데 그것이 유출되었다는 것이다.

기사에 의하면 러시아 조사단의 결론은 천안함이 먼저 수심이 얕은 해역에서 좌초했고 깊은 물로 가려다가 무언가 사고가 일어나 천안함이 세 동강났다는 것이다. 좌초의 증거들 중 하나는 스크루 날개의 변형상태였다. 이 '초기 좌초설'은 이미 『서프라이즈』대표 신상철씨와 알파잠수기술공사 대표 이종인씨가 처음부터 주장했던 건데, 어뢰 공격 이외의 모든 가설은 철저히 무시하는 전략에 의해 조명받지 못했다. 더구나 그들이 박사학위가 없다는 것도 하나의 이유가 되었다. 그런데 러시아 전문가들 또한 똑같은 결론을 냈으니, '초기 좌초설'의 신빙성이 더해진 것이라 할 수 있다.

천안함사건 진실규명 과정에서, 특히 이종인씨의 과학적 실험정신은 내가 보기엔 합조단에 참여했던 어느 박사들보다 더 뛰어났다. '1번' 마크가 토치의 불꽃으로 쏘이면 금방 타버리는 것과 금속판들이 50일간 바닷물 속에 있어도 거의 녹슬지 않는다는 것을 직접 실험으로 보여주었다. 박사학위가 필요 없다.

『한겨레』기사가 영문으로 번역되었고, 그 영문 기사들을 내가 알던 기자들에게 이메일로 보내주었다. 데이비드 씨라노스키가 그것에 기반을 두고 네이처 블로그에 글을 써서 올렸다.

8월 1일 (일)

창비에서 서교수와 나의 글을 비롯해 합조단의 공식발표에 대해 의문을 제기하는 14인의 글을 묶은『천안함을 묻는다』라는 책이 나왔다. 한겨레 국제부 강태호 기자가 엮고 창비에서 편집작업을 한 이 책은 천안함사건에 관한 최초의 단행본이다. 그간 인터넷을 통해 반박 주장들이 많이 나왔지만 여러 곳에 흩어져 있던 터라, 합조단 발표의 문제점과 그에 대한 비판을 체계적으로 묶은 이 단행본은 앞으로의 진상규명 과정에서 중요한 역할을 하게 될 것 같다. (나중에 창비에서 들은 얘기지만, 이 책이 나오자 독자들의 격려 전화가 많았는데, 국립중앙도서관을 사칭하면서 초판을 몇부나 찍었냐 지금까지 얼마나 팔렸냐를 집요하게 묻는 괴상한 전화들도 여러 건 있었다고 한다. 여하튼 이 책은 출간된 지 한달도 못 되어서 매진되고 바로 2쇄를 발간했다고 한다.)

이 책에 실린 서재정 교수와 나의 글은 정치학자와 물리학자가 공동작업하여 합조단의 데이터와 주장을 과학적으로 검증한 체계적인 논문이다. 이 글은 계간『창작과비평』에도 실렸고 나중에 일본 월간지『세까이(世界)』에도 번역되어 실렸다.

8월 2일 (월)

며칠 전 서교수와 오랜 만에 인터넷전화로 대화를 하면서, 합조단이 '북한 어뢰의 파편'이라고 제시한 고철 덩어리가 허깨비였음을 증명한 것으로 내 역할은 끝났으니, 이제 서서히 내 연구로 돌아가야겠다고 말했다. 다음주에 센다이(仙臺)에서 있는 작은 국제학술대회에 초청받아 발표해야 하는데 그것도 준비해야지 하고 있는 차였다.

그런데 아침에 연구실에 오니 연락을 하고 지내던 몇몇 기자들로부터 이메일이 여러개 와 있었다. 카이스트 기계공학과의 송태호 교수가 국방부에서 기자회견을 하며 '1번' 글씨가 타지 않을 수 있음을 '과학적'으로 증명했다며 나의 주장이 틀렸다고 주장했다는 것이다. 나의 답변을 기다린다며.

참 어처구니가 없었다. '1번'은 이미 증거능력을 상실하지 않았는가. '1번'은 남한사람도 쓸 수 있는 것이고, 그 잉크 성분은 여느 매직펜에도 사용되는 솔벤트 블루 5여서 북한제라고 할 수 없다고 합조단도 결론 내리지 않았는가. 그런 것을 가지고 한달 동안이나 연구했다니, 그리고 같은 과의 26명이나 되는 교수들이 서명까지 해주었다니.

더이상 허깨비에 시간을 허비하고 싶지 않아, 기자들에게 '1번'에 대한 논의는 천안함 진실규명에서 핵심을 벗어난다고 간단히 답장을 하고, 내 할일을 했다. 그런데 저녁에 곰곰이 생각해보니 아무래도 천안함사태 전개과정에서 드러난 여러 상황들, 즉 허깨비들의 등장, 민주적이며 탁월했던 집단지성의 활약, 과학자들의 역할 등에 대해 제대로 정리해내는 일이 필요하다고 여겨졌다. 이 시점에서 내가 반론을 정리해서 발표하는 것이 송교수가 흐려놓고 있는 천안함사건의 논점을 바로잡는 데 도움이 될 것 같은 생각을 떨쳐버릴 수 없었다.

다음날 새벽에 연구실에 나와 글을 쓰기 시작했다. 그리고 오전 9시경 『한겨레』에 기고했다.

오전 11시경, L군이 내 연구실로 와서 조·중·동에 실린 송교수 주장에 대해 이야기를 나누었다. L군이 말하길, 인터넷 댓글에도 나와 있지만 송교수가 폭발 후 초기 버블 팽창과정을 가역적(可逆的, reversible)이라고 가정했는데 그것은 틀리지 않느냐, 초기 팽창과정은 비가역적(非可逆的, irreversible)이지 않느냐 하는 것이었다.

그래서 송교수의 리포트를 보니, 과연 가역적 과정에만 쓰이는 수식 $PV^\gamma = C$를 쓰고 있었다. 이런 한심한 경우가 있나. 폭발 시 초기 버블 팽창과정은, 버블 안에는 20만 기압 정도의 아주 높은 압력이 형성되고 버블 밖의 물의 압력은 고작 2~3기압 정도밖에 안되니 당연히 되돌릴 수 없는 비가역적 과정으로 근사 계산(近似計算)을 해야 하지 않는가. 이 정도는 이공계 1학년 학생들이 수강하는 일반물리학이나 최소한 3학년에서 배우는 열역학에서 나오는 것이 아닌가. 이런 기본적인 과학상식도 모르고 문제에 접근했으니, 버블의 온도가 급격히 떨어진다는 송교수의 잘못된 결론이 나온 게 아닌가. 그래서『한겨레』정의길 기자에게 전화해서 내가 보낸 칼럼에 폭발은 비가역과정이라는 걸 집어넣어달라고 했다.

카이스트 교수 정도 되는 사람이 이러한 기본적인 물리지식에 대해서 실수했다고 하면 많은 사람들이 믿지 못했다. 하지만 교수들도 평소에 자기 연구에 직접 관계되는 것이 아니면 얼마든지 착오를 일으킬 수 있다. 송교수의 보고서는 두 부분으로 이루어져 있는데, 첫번째가 버블팽창의 열역학 부분이고 두번째가 가스에서 다른 물체로 열이 전달되는 과정이다. 두번째는 송교수의 전공이지만, 첫번째는 송교수의 전공이 아니어서 그런 실수를 한 것이다. 첫번째 부분의 결과가 두번째 부분의 전제가 되기 때문에, 송교수는 그러한 얼토당토않은 결론에 도달하게 된 것이다.

전문가에 대한 맹신에서 나올 수 있는 잘못을 피하기 위해서는 여러 사람들의 공개적이고 객관적인 검증이 절대적으로 필요하다. 이 문제에 대해서는 '화공과'라는 아이디의 네티즌과 L군이 처음 송교수의 실수를 지적했고 서울 모 대학에 있는 이론물리학자가 우리의 계산을 검증했다. 그리고 나중에는 '가이아'라는 필명을 가진 분이 합조단의 모의실험조차도 송교수의 주장이 틀리고 우리의 주장이 맞다는 것을 실험적으로 보여준다는 점을 지적했다.

L군과 잠시 더 토론하며, 인터넷 한겨레 훅(Hook)에 실린, 내가 쓴 좀더 긴 칼럼을 조금 수정한 후 정기자에게 보냈다. 그리고는 점심식사 약속이 있어 나갔다.

오후 늦게 L군이 다시 연구실로 찾아왔다. 간단히 계산해보았는데, 송교수 가정대로 가역적이라 하면 폭약이 터져 7m 정도까지 버블이 팽창했을 때 온도가 영하 60도 정도 된다고 했다.

"아이고, 참 정성이네요. 계산까지 하고……"

기특한 생각이 들어 L군이 한 계산을 보니, 정말 그랬다. 실제 폭발과정은 비가역적이므로 팽창 전후의 온도가 같아서, 폭발시 열폭풍의 피해가 있지 않은가. 반면에 (있을 수 없는 일이지만) 폭발과정이 가역적이라면 현장에 있는 사람은 얼어죽게 된다. 나는 웃으며 이걸 정리해보자고 했다. 함께 작성한 리포트를 내가 아는 모 대학 이론물리학자에게 보내면서 점검해달라 이메일을 했더니, 우리의 생각이 맞다는 답장이 왔다.

『한겨레』와 『프레시안』에 내일 오후까지 기사가 나올 수 있나 타진했더니 『프레시안』에서 긍정적인 답변이 왔다. 이번 것은 아주 쉬운 계산들이기는 하지만 결과를 이해하는 데는 열역학의 기본에 대한 이해가 필요한 것이어서 강양구 기자가 담당했다. 역시 과학을 전공했던 강기자의 이해는 매우 빨랐다. 두 주사기의 예를 들며 가역/비가역을 일반인이 알기 쉽게 설명한 기사를 보내왔다. 강기자의 전문성과 순발력이 눈에 띄었다.

이 가역/비가역 과정에 대한 기사는 순전히 그것을 지적한 카이스트의 화공과 학생이라는 네티즌과 L군이 함께한 결과임을 여기에서 밝혀둔다.

여기에 한겨레 훅에 실렸던 내 칼럼을 옮긴다.

"1번 어뢰 안 탈 수 있다는 주장은 틀렸다"

1) 천안함 진상은 상식인들의 집단이성이 풀 수 있다

무엇이 천안함을 침몰케 했는가 의견이 분분하다. 박사학위는 없으나 현장경험이 풍부한 신상철·이종인씨가 제시한, 그리고 러시아 전문단도 똑같은 결론을 내린 초기 좌초설이 하나이다. 구성원들의 박사학위만 20개가 넘는 합조단이 주장한 북한 어뢰설도 있다. 이 두 그룹이 제시하는 증거들의 성격 또한 판이하게 다르다. 전자는 상식인이라면 이해할 수 있는 생존한 병사와 죽은 병사 시신의 깨끗한 상태, 물기둥이 없었던 점, 스크루 날개의 손상 상태, 프로펠러 축에 감겨 있던 어선 그물 등을 내세웠다. 후자가 내세운 것은 어뢰 파편의 쇳덩어리이다.

그 쇳덩어리는 진실을 감추려고 합조단이 내세운 실체가 없는 허깨비이다. 표면의 부식 정도에 대해 이종인씨는 금속 부식실험을 통하여 그 쇳덩어리가 물속에서 50일만 있었다는 합조단의 주장은 거짓이라고 반박했다. 이는 러시아 전문가들의 육안에 의한 평가와도 일치한다. 상식인이 보아서는 물에서 몇년이나 있었을 고철덩어리가 합조단에 의해 북한 어뢰가 천안함을 침몰시켰음을 입증하는 '결정적' 증거로 제시됐다.

합조단의 주장에는 두개의 논리적 단계가 들어 있다. 첫째, 그 어뢰 파편이 북한제여야 하고 둘째는 그 어뢰가 천안함 바로 밑에서 폭발했어야 한다. '1번' 글씨는 첫번째를 위해 제시되었고, 흡착물질 데이터는 두번째를 위해 제시되었다. 따라서 이 중 하나만 틀려도 합조단의 주장은 틀리게 된다.

먼저 그 '1번' 마크는, 상식 선에서 생각하면 남한사람들도 쓸 수 있으니, 민주사회의 법정에서는 증거로 채택이 될 수가 없다. 합조단도 '과학적인' 분석 결과, 청색 잉크의 색소는 한국 회사인 모나미가 특허를 냈던 '솔벤트 블루 5'여서 북한제라고 말할 수 없다며 스스로 그것의 증거 효력을 부정했다.

최근에 카이스트 기계공학과 송태호 교수가 1번이 안 탈 수 있다고 주장을 하였다. 하지만 그의 계산대로 '1번'이 써 있는 디스크 후면에 0.1도의 온도 상승도 없었다면 폭약이 들어 있는 탄두에서 디스크보다 더 멀리 떨어진 프로펠러에 어떻게 폭약성분인 알루미늄이 흡착되어 있었는지 설명이 안된다. 송교수 주장대로라면 버블의 반경이 어뢰 가장 끝부분에 있는 프로펠러 부분까지 다다르는 데는 0.15초 정도가 걸리고, 그때는 버블과 폭발에서 파생되는 물질들의 온도는 영하의 온도이게 된다. 이 온도에서는 알루미늄 산화물이 고체상태가 되어 프로펠러에 흡착될 수 없다. 즉 송태호 교수의 주장은 알루미늄 산화물이 폭발 결과 붙었다는 합조단의 주장과 상충된다. 더욱이 합조단은 어뢰 외부의 페인트가 열로 인해 다 타버렸다고 주장했는데, 송교수의 결과는 이와는 정반대를 예측한다.

그렇다면 무엇 때문에 송교수는 어뢰 폭발이 일어나도 근방의 온도는 올라가지 않는다는, 항간의 믿음과는 반대되는 계산 결과를 얻었을까? 이는 모든 폭발과정은 비가역과정임에도 불구하고, 버블 안과 바다 속의 압력이 언제나 동일하게 유지되면서 팽창이 비교적 천천히 일어난다는, 교과서적인 가역과정에서 유도된 $PV^\gamma = C$ 라는 식을 송교수가 이용했기 때문이다. 물리학과 학부 3학년 학생 정도이면 프로펠러에 도달하는 초기 버블가스 팽창과정은, 버블 내부의 기압이 외부에 비해 10만 배 이상 높기 때문에, 진공으로 기체가 팽창되는 비가역적 과정과 유사하게 됨을 알 수 있다. 이 과정에서는 이상기체이면 팽창 전과 팽창 후의 온도가 똑같다. 비가역적 과정이기 때문에 정확한 계산은 불가능에 가깝지만 근사계산을 해보면, 버블이 프로펠러에 닿을 때의 온도는 최소한 1000도에 가까운 고온이 될 것이다.

그들이 제시한 두번째의 '과학적' 증거인 EDS/XRD 데이터는 특정한 분야에서 최소한 석사학위가 있어야 이해할 수 있는 일반인의 상식 밖의 것들이어서 한동안 막강한 권위와 힘을 합조단에게 부여하는 듯하였다. 휘황찬란한 박사학위를 건 사람들의 "세계 최초의 발견"이라며 떠벌리는 현란하고 어려운 설명을 들으면 웬만한 사람들은 기가 죽을 만도 하였다. 그런데 EDS가 전공인 양판석 박사와 XRD가 전공인 내가 잠깐 들여다보니 합조단의 데이터들이 앞뒤가 맞지도 않고 어느 데이터는 조작되었음이 분명한 게 훤히 보이질 않았는가. 양박사와 나의 문제제기에 대한 합조단의 반박은 거짓으로 점철됐다. 이것은 합조단의 최종보고서가 8월 6일에 나온다고 하니, 그 이후에 정리 발표하겠다. (실제로 최종보고서는 그보다 한참 늦은 9월 13일에 나왔다.)

이 천안함사건의 전개과정을 보면, 박사학위를 가진 두 그룹의 사람들의 활약은 대부분 허깨비에 연관되어 있음을 볼 수 있다. 합조단에 속한 대부분의 박사들과 최근의 카이스트 대학의 송교수는 그 허깨비를 만들고 유지하는 데 노력하고 있고, 과학 커뮤니티 웹싸이트에 글을 쓴 다수의 과학자들과 양박사와 나는 그 허깨비의 장막을 거두려 노력했다.

이제는 허깨비 장막 뒤에 숨어 있던 천안함 침몰의 실체를 밝히는 단계로 넘어가야 한다. 이 단계는 이미 시작이 되었다. 그 시발점은, 내 의견으로는, 6월 29일에 합조단이 가진 언론단체 설명회에서 스크루 날개의 변형상태를 뉴턴의 "관성법칙"을 들며 설명하였는데 거기에 있던 비과학분야에서 학사학위만 받은 노종면 기자가 "관성이면 힘 방향이 정반대가 되어야 하지 않느냐"고 핵심을 찌르는 질문을 하였는데, 그 질문이 천안함 침몰 원인의 실체에 접근하는 단계의 시발점이라고 생각한다. 그 이후 러시아 조사단도 똑같은 결론을 내렸음을 알 수 있다. 최근에는 합조단에 참여하며 스크루 날개 변형상태를 맡았던 충남대 노인식 교수가 자기 씨뮬레이션 결과는 합조단의 주장과 다르다는 것을 증언했다.

천안함 침몰 진상을 밝히는 데는 박사학위가 필수조건이 아니다. 상식을 가진 집단의 이성이면 충분하다. 박사학위를 가진 사람들의 역할은 그 와중에 나타나는 허깨비들을 치우는 것뿐이며, 또 하나가 있다면 그것은 누가 어떻게 그 허깨비를 만들었느냐를 밝히는 것이다. 간단하게 합조단의 모의 폭발실험을 다시 하면 된다. 이것은 아마 현 정치상황을 볼 때 몇년이 걸리지 않을까 한다.

이 사건 전개과정에서 한국사회는 탁월한 집단이성을 보여주고 있는데, 왜 아직 침몰 진상을 못 밝힐까? 그 원인은 한국정부가 관련 정보를 숨기고 있기 때문이다. 국회의 국정조사가 필요한데 현 국회는 본연의 임무를 방기하고 있다. 허나, 제한된 정보에서도 틈새가 보인다. 스크루 변형상태가 그 하나다. 한국사회의 일반 상식인들의 집단지성의 건투를 빈다. 천안함 진상은 민주적 집단지성이 풀 수 있다.

2) 송태호 교수의 버블 팽창이 가역과정이라는 가정의 맹점

8월 2일, 송태호 카이스트 기계공학과 교수는 자신의 논문을 통해, 어뢰추진부는 폭발 후 온도가 단 0.1도도 올라가지 않았을 것이라고 주장하였다. 이 주장의 핵심적 근거로서 송교수는 세번째 페이지에

$$PV^\gamma = C \qquad\qquad (1)$$

라는 공식을 폭발 후 생성 된 버블의 팽창에 적용하였다. 이 공식

은, 이상기체가, 버블 안과 밖의 압력이 언제나 동일하게 유지되면서 팽창이 비교적 천천히 일어나는 가역적인 과정을 거칠 때 적용하는 식이다.

그러나, 본인이 『한겨레』 8월 4일자 기사에 잠깐 언급했듯이 폭발과정은 가역적이 아닌 비가역적 과정이어서 전혀 다른 결과가 나온다. 이상기체가 진공으로 비가역적 과정을 통해 팽창될 때는 공식(1)을 따르지 않고, 팽창 전과 팽창 후의 온도가 같다. 공식으로는,

$$T_1 = T_2 \qquad (2)$$

두가지 중 어떤 경우가 실제 폭발상황과 가까울 것인지를 보기 위해, 두 공식을 폭발물이 공기 중에서 터졌을 경우에 적용해보자.

A) 가역적일 경우

먼저, 온도 변화에 관심이 있으니 공식(1)을 온도의 함수로 표현하자. 이상기체는 압력(P), 부피(V), 온도(T)는 다음과 같은 관계를 만족한다.

$$PV = NkT \qquad (3)$$

여기서 N과 k는 상수이며, 온도의 단위는 절대온도(K)이다(섭씨 0도=273K). 이를 이용하면 공식(1)은 다음과 같이 된다.

$$TV^{\gamma-1} = C' \qquad (4)$$

C' 그리고 앞으로 나올 C 첨자는 모두 어떠한 상수값을 의미한다. 여기에서 부피와 반경(=R)은, $V = \frac{4}{3}\pi R^3$이므로 위 공식은 다음

과 같이 쓸 수 있다.

$$TR^{3(\gamma-1)} = C'' \qquad (5)$$

따라서 초기의 온도(=T_1) 곱하기 반지름(=R_1)의 3(γ-1)승 값과, 팽창 후 온도(=T_2) 곱하기 반지름(=R_2)의 3(γ-1)승 값은 같아야 한다는 게 이 식의 요지이다.

$$T_1 R_1{}^{3(\gamma-1)} = T_2 R_2{}^{3(\gamma-1)} \qquad (6)$$

여기에서 γ값은 송교수와 같이 1.3을 쓴다.

송교수의 초기조건을 쓰면, 폭발 직후 초기 버블은 반지름 0.33미터에 온도가 T_1=3276K(=섭씨 3003도)이다. 그게 어뢰 길이인 7미터에 해당하는 곳에까지 팽창했을 때, 몇 도가 되는지 위의 식을 이용해서 계산해보면 T_2=210K(섭씨 -63도)이다. 다시 말해, 사람이 거기에 서 있으면 얼어죽는다.

B) 비가역적인 경우

송교수의 초기조건을 쓰면, 폭발 직후 초기 버블 내의 압력은 2만 기압에 가깝다. 대기의 기압은 1기압이다. 따라서 버블 내의 압력에 비하면 버블 밖의 공기의 압력은 진공으로 근사계산할 수 있다. 이런 상황에서, 이상기체로 가정을 하면, 앞에서 설명했듯이 팽창 전후 온도는 T_1=T_2이므로 7m 거리에 떨어져 있는 사람은 섭씨 3000도의 기체로 인해 화상을 입을 것이다.

자, 실제로 커다란 폭약이 터졌을 때 어떤 현상이 일어나는가. 열폭풍에 의한 피해가 발생하지 않는가. 이 당연한 사실은, 폭발과정

은 송교수가 한 가역적이라는 가정이 너무나 틀리고, 비가역적이
라는 게 맞다는 걸 증명한다. 이것은 이공계 대학교 1학년 과정인
일반물리에 나오는 사실이다.

8월 8일 (일)

오늘 이명박정부의 개각이 있었다. 사십대의 젊은 총리와 몇
몇 장관 후보자 등 새로운 얼굴들이 보였다. (이들 중 많은 수
가 나중에 청문회를 거치면서 드러난 비위사실로 인해 낙마하
게 된다.) 기존의 장관들 중에서 다수가 교체되었다. 그런데 이
해할 수 없는 것은 김태영 국방장관이 그대로 유임된 사실이
다. 이게 어찌된 일인가. 최소한 그 자리에서 물러나는 게 조금
이나마 부끄러움을 덜 수 있는 길이 아닌가. 이쯤되면 명예를
위해선 목숨을 초개와 같이 여긴다는 군인정신을 스스로 포기
한 것이 아닌가. 그리고 이명박정권의 무모함과 국민과의 불통
을 보여주는 게 아닌가. 머리가 무거운 하루였다.

8월 9일 (월)

아침에 연구실에 나오니, MBC 라디오 '손석희의 시선집중'

을 담당하는 K작가의 이메일이 와 있었다. 오늘 아침 송태호 교수 인터뷰가 나가는데 내일 내가 인터뷰를 할 수 있는지 문의하는 내용이었다. 내가 아는 기자도 『중앙선데이』가 송태호 교수 주장을 크게 실었다고 전해왔다. 먼저 짜증이 일었다. 내가 이미 『한겨레』와 『프레시안』을 통해 송교수의 주장은 과학적 타당성이 전무함을 입증하지 않았는가. 그런데도 보수언론은 내 주장을 보도조차 하지 않으면서 틀린 송교수 주장만 박박 내세우는 것도 한심했고, 송교수 본인도 나의 과학적 논증을 알 만도 한데, 라디오에까지 나와 틀린 게 뻔한 주장을 되풀이하다니 어처구니가 없었다.

내일 센다이에서의 연구 발표도 다 준비를 못했는데, 그렇다고 내일 바로 인터뷰를 하지 않으면 안될 것 같아 K작가에게 인터뷰를 하겠다고 하고, 착잡한 마음으로 센다이로 출발했다.

신깐센 안에서 여러가지 생각이 들었다. 무엇보다, 한국에 있는 과학자들이 발언해야 할 때가 되지 않았나 하는. 특히 송교수가 기본 열역학에 반하는 가정을 들고 나오니, 국내의 물리학자들이 최소한 이에 대해 과학자로서 발언해야 하지 않나 하는 생각이 들었다. 해외에 있는 과학자가 이 정도 했으면 이제 국내에 있는 사람들이 나설 때가 되지 않았나 하는 푸념과 다소의 허탈감도 있었다.

호텔에 도착하여 연락을 계속 취해왔던 세분의 물리학자들에게, 그런 요청의 이메일을 보내드렸다. 허나 그분들은 천안함에 관련된 논쟁에 끼어들고 싶지 않다고 했다. 하긴 자신의 연구를 뒤로 미루고 이런 문제에 대해 발언한다는 것은 쉽지 않겠지. 유명 방송인들도 현정권에 쓴 소리를 했다고 방송에서 하차하는 판국에 일개 과학자들의 연구비를 끊는 것은 손바닥 뒤집기보다 쉽지 않겠나 싶었다. 하지만 아쉬운 생각은 여전했다.

여기서 밝혀두고 싶은 것은, 한국 대학에 있는 30, 40대의 몇몇 물리학자들과 이야기를 하였는데 모두가 나의 분석과 실험 결과에 적극적으로 동의했다는 점이다. 어떤 소장 물리학자는 이 정권이 국민이 아무것도 모르는 바보인 줄 아는 것 같다며 개탄했다.

여하튼 과학적 사실에 대한 접근 태도에도, 학창시절을 80년대 이후에 보냈느냐 그전에 보냈느냐에 따른, 세대차이가 있는 듯하여 씁쓸했다.

워크샵에 갔다가 다른 참가자들과 저녁식사를 마친 후, 호텔 방에 돌아와 정신없이 내일 있을 발표의 슬라이드를 준비하고, 라디오 인터뷰도 준비했다.

8월 10일 (화)

세시간밖에 잘 수 없었다.

오전 7시 30분경 인터뷰가 시작되었다. K작가가 먼저 전화를 걸어왔는데 원래 15분 가량이라더니 분량이 조금 줄어서 12분 정도라 했다. 그리고 곧 시작된다더니 광고들은 왜 그리 많은지. 이러다가는 내게 주어질 시간은 10분도 안되겠군, 과학적 설명을 하기엔 너무 짧지 않나 하는 걱정이 들었다.

한참 후, 손석희씨의 목소리가 들렸다. 인터뷰의 시작. 사회자는 주로 송태호 교수의 주장에 대한 나의 생각을 질문했다. 나는 이런 요지로 답변했다.

"폭발 직후에 아주 뜨겁고 고압인 가스버블이 생기고 그것이 팽창을 한다. 이것을 어떻게 접근하느냐가 송태호 교수와 내가 근본적으로 다른 점이다. 송교수의 입장은 그 문제를 버블 내부와 외부의 압력이 같은 팽창 과정으로 볼 수 있다는 것이고, 나의 입장은 버블 내의 압력이 2만이나 20만 기압이고 수심 6m의 수압은 고작 2기압이니, 수압은 일단 무시하고 계산을 해야 한다는 것이다. 둘 다 아주 단순한 가정 같지만, 이 두 가정은 엄청나게 다른 결과를 가져온다. 송교수의 주장대로라면, 버블이 팽창하며 압력이 2만이나 20만 기압이 되는 물을 밀어내야 하니, 에너지가 급격히 허비되어 버블의 크기가 커지지 못하고 금방 없어지게 된다. 따라서 어뢰가 터지면 당연히 생기는 100m 높이의 물기둥 대신에 송교수의 계산대로 2m 높이밖에 안되는 파도만 생긴다. 나의 근사계산대로 하여, 버블 밖의 수압인 2기압을 무시하면, 버블은 계속 고온을 유지하며 팽창한

다. 아마 몇십미터까지 반경이 커지고 따라서 100m 정도의 물
기둥이 만들어질 것이다."

이때 진행자 손석희 교수는 물기둥은 '1번'이 타느냐의 문제
와 별개라고 이야기했는데, 그것은 잘못 이해한 것이다. 두 문
제는 동전의 양면이다. 따라서 하나만 설명할 수 있고 다른 하
나는 할 수 없다는 송태호 교수의 가설은 이미 틀렸다는 것을
입증한다. 맞는 가설은 둘 다 설명할 수 있어야 한다.

"내 가정에서는 물을 밀어내는 데 드는 일을 무시하였는데,
그러면 물을 밀어내는 데 얼마나 에너지를 소비할까? 수압이 2
기압이니 그 에너지는 별로 크지 않을 것이다. 다시 말해 버블
이 6m정도 팽창한 후에도 수천도의 온도를 유지할 것이다. 송
교수가 주장하는 영하의 온도는 말도 안된다. 사실 나의 가설
이 맞는다는 것은 이미 합조단의 모의실험에서 입증되었다. 국
방부 천안함 싸이트에 가면 15g 폭약의 모의 폭발실험 비디오
가 있는데, 폭발 후 노란색을 띄는 버블이 생겨 급속히 팽창하
면서 색깔이 노란색과 빨간색으로 변한다. 버블의 색깔은 흑체
복사(black body radiation)라 하여 버블 내 기체의 온도를 말
해준다. 노란색은 5000도, 빨간색은 4000도쯤 된다. 버블의 크
기를 실제의 250kg 폭약의 폭발로 환산하면 모의실험에서 측
정한 버블 크기에 26배 정도 곱해야 하고, 결국 250kg 폭약이
폭발하여 그 온도가 4000도쯤 되었을 때엔 버블의 반경(반지
름)이 6.5m정도 됨을 알 수 있다(이는 뒤에서 좀더 상술할 기

회가 있을 것이다). 다시 말해, '1번'이 씌어진 디스크는 4000도
가 넘는 기체에 휩싸이게 된다. 이종인씨가 토치(torch)로 가
열하니 '1번' 글씨가 순식간에 타버리는 걸 실험으로 보여주었
다. '1번'은 탔어야 한다.”

　내가 하고 싶었던 최소한의 과학적 주장을 일반인들이 알아
듣기 쉽게 설명한다고 했는데, 끝나고 나니 좀 아쉬웠다. 시간
에 쫓겨서 내가 다소 조급함을 보이지 않았나 싶었다. 내용을
조금 덜 설명해도 여유를 가지고 했으면 더 좋았을 걸 하는 아
쉬움이 남았다. 인터뷰 속기록이 MBC 라디오 '손석희의 시선
집중' 웹싸이트에 떴고 다음 이틀 만에 조회 수가 1100회가 넘
어 큰 관심이 있었음을 보여주었다. 그나마 다행이다 싶었다.

　오후에 국제회의 발표를 무사히 마치고 토오꾜오로 돌아왔
다. 이날부터 며칠동안 심한 몸살을 앓았다.

제8장

집단지성의 연대감

8월 11일 (수)

합조단의 모의실험 비디오에서 버블의 흑체복사 현상을 처음 지적한 이는 한국과학기술인연합 홈페이지 scieng.net에 글을 쓴 Gaia라는 필명을 가진 분이었다. 어떻게 여러 사람의 의견이 모여 하나의 문제를 풀어나가는지를 보여주는 좋은 예다.

합조단 발표에 드러나는 여러가지 맹점들에 대한 네티즌들의 날카로운 지적이 많은 웹싸이트에서 활발하게 진행됐다. 처음 몇번 나의 글이 한국 언론에 기사화되어 나왔을 때는, 그 기사에 걸린 댓글들을 열심히 읽었다. 그런데 댓글의 절반은 과학적 논리가 전혀 없는, 얼토당토않은 인신공격성 글이었다. 그

중에서 가장 날 슬프게도 하고 어처구니없게도 한 글들은 날 친북 빨갱이로 몰거나, 내 고향을 어찌 알았는지 혹은 지레짐 작으로 넘겨짚었는지 전라도놈이어서 이런다는 글이었다.

일부이겠지만 21세기 한국의 보수세력의 수준이 이 정도밖에 안되다니. 천안함사건은 우리 민족의 현재와 미래를 담보로하고 진행되는 진실과 거짓의 대결, 합리성과 비합리성의 대결이지, 친북대 반북, 영남 대 비영남, 호남 대 비호남의 대결이아니잖은가. 서재정 교수와 양판석 박사는 둘 다 경상도 출신이다. 서재정 교수는 진보적이지만, 양박사는 처음 전화통화를했을 때 우리 활동의 정치적 파장에 대해 매우 조심스러워하는조금 보수적인 분이라는 것을 느꼈다.

이렇게 우리들은 출신지와 진보/보수를 떠나서, 학자의 양심에 따라 "이것이 진실이다"라고 발언할 수밖에 없었다. 학자로서의 사회적 책임에 입각한 우리의 행위를 그런 색안경을 끼고바라보는 사람들이 오늘날 한국에서 목소리를 높이고 있다는것이 참 슬프고 안타까울 따름이었다.

그후로 나는 일반 언론의 댓글은 거의 보지 않았다. 주로 과학·공학 커뮤니티 웹싸이트들, 특히 scieng.net을 기웃거렸던것이다.

물론 웹싸이트에 떠 있는 글들 중에는 통찰력이 반짝거리는글들도 적지 않았다. 내가 일본외신기자클럽에서 발표할 때 보여준 '1번'이 적힌 아이폰 이미지와 개인 소유 보트의 프로펠

합조단이 침몰원인으로 북한 어뢰를 들며 '결정적 증거물'로 '1번 어뢰'를 공개하자 그에 대한 패러디가 봇물을 이루었다. 대표적인 것이 사진의 '1번 아이폰'으로. 트위터를 통해 '북한산 아이폰 출시' 소식이 급속히 퍼져나갔다.

러에 묻은 하얀 분말 이미지는 다음(Daum) 웹싸이트에 오른 것을 L군이 복사해준 것이다. 그밖에도 어뢰 설계도에 적힌 깨어진 활자 폰트를 발견한 점, 그리고 초기에 합조단이 제시한 어뢰 설계도가 실물과 다른 것을 알아낸 점 등 많은 네티즌들이 진상 규명에 기여를 했다.

이미 앞에서 언급한 대로, 폭발의 초기과정이 비가역적 과정이라는 것은 '화공과'라는 아이디를 가진 네티즌의 지적과 L군의 계산으로 알려졌다. scieng.net에서는 과학적 증거라고 하는 '1번' 표기와 흡착물질에 대해 과학적인 논증이 활발하게 진행되고 있었다. 구성원들이 대부분 과학·공학을 하는 분들이어서 주제에 대한 글의 수준이 다른 언론매체에 비해 매우 높았다. 회원제라서 이상한 글도 쓸 수 없고 웬만한 과학적 소양이 없으면 논쟁에 끼어들 수 없는 분위기 때문에 터무니없는 주장은 쉽게 정리되는 점이 눈에 띄었다.

한겨레 훅에 나의 글이 나간 후 어느날 scieng.net에 들어가 보니, 우리의 가설이 맞고 송태호 교수의 가설이 틀리다는 것을 합조단의 모의 폭발실험이 증명해주고 있다는 Gaia님의 글이 있었다. 그 글에 적힌 대로 합조단 웹싸이트에 들어가 폭발실험 비디오를 보았다. 15g의 폭발물로 한 모의폭발 후 고온의 가스 버블의 크기가 커서 송교수의 가설로는 도저히 설명이 안되었다. 합조단이 주장하는 250kg 폭약이 터지면 그 버블 크기가 어떨까를 생각해보았다. 근사계산을 하면, 같은 온도의 버블 체적은 폭약의 질량에 비례할 것이다. 체적은 반경의 3승에 비례하니 반경은 폭약 질량의 1/3승에 비례할 것이다. 따라서 15g 폭약으로 한 모의실험에서 측정된 버블 크기에다가 $(250000g/15g)^{\frac{1}{3}} \fallingdotseq 25.5$를 곱하면 250kg 폭약의 버블 반경이 나오게 된다는 결론을 얻었다.

손석희씨와의 인터뷰 이후 scieng.net에 들어가보니 나의 인터뷰 내용에 대해서 토론하고 있었다. 많은 사람들이 나의 과학적 설명에 대해서 이해·동의하고 있다.

아직 천안함 침몰원인의 실체를 밝히지는 못했지만, 극히 제한된 정보의 한계 속에서도 합조단의 주장에 대해 이런 정도의 반론이 이루어질 수 있었던 것은 인터넷에서 열심히 토론한 모든 네티즌들의 공이라 할 수 있겠다. 인터넷 강국인 한국사회에서는 이제 섣부른 거짓말은 절대 통하지 않음을 보여주는 게 아닌가 한다.

(내가『한겨레』와『프레시안』에 낸 글과 '손석희의 시선집
중' 인터뷰를 통해 많은 설명을 했으니 알 만한 사람은 다 알 것
이다. 그런데 8월 20일 경,『중앙선데이』에 합조단 관계자 몇명
의 반박이 실렸다. 중앙일보 기자들은 그런대로 핵심을 찌르는
질문을 하는데, 합조단 관계자들의 반박은 기존의 비과학적 주
장을 앵무새처럼 되풀이하고 있었다. 그리고 또 송태호 교수의
말대로 버블은 급격히 냉각한다고도 주장했다. 송교수는 그 토
론에 참여하지 않았다. 이런 말도 안되는 주장을 신문지상에서
계속할 수 있는 이유는 두가지일 것이다.

첫째, 이 문제는 정권과 보수세력 전체의 존립이 걸린 문제
라, 정부의 주장을 계속 되풀이하여 국민으로 하여금 믿게끔
해야 한다는 정치적 판단을 했을 것이다. 일반인들이 이해하기
힘든 과학이라는 권위를 빌리면 국민들로서는 믿지 않을 수 없
을 거라고 생각하고 있을 것이다.

둘째, 한국 과학계의 나약한 침묵이 또 하나의 이유다. 이 정
도로 문제가 제기되었으면, 문제의 심각성에 비추어 한국물리
학회 같은 공인된 과학단체에서 진실규명을 요구하거나, 직접
실험을 통해서 진실규명을 하겠다고 나서야 하는 것 아닌가?
폭발 초기 버블 팽창과정이 가역적인지 비가역적인지는, 아주
기초적인 물리문제이어서 실험을 할 필요도 없는데, 개개인이
익명으로는 발언을 해도 실명으로는 하지 않는 이유는, 현 정
부에 밉보이면 연구비가 끊길 것 같아 몸을 사리고 있기 때문

은 아닌가. 이렇게 개인이 하기 어렵다면 공인된 단체가 나서야 하는데, 참 안타까운 일이다.)

8월 12일 (목)

시사주간지 『타임』(*TIME*)의 마크 톰슨(Mark Thompson) 기자의 이메일이 왔다. 천안함사건에 대해서 이야기하고 싶다고. 『타임』이라면 미국뿐 아니라 세계적으로도 영향력이 있는 잡지가 아닌가. 『네이처』에서 데이비드 씨라노스키의 기사가 나온 이후 국제적인 차원에서 획기적인 기사가 될 것 같았다. 이렇게 모르던 기자로부터 연락이 오면 으레 그랬듯이 내가 통화 가능한 시간대를 알려주고 어떤 자료를 가지고 있느냐 이메일로 물었다.

이메일을 보내고 마크 톰슨이 어떤 기자인지 구글로 검색해보았다. 이런! 톰슨 기자는 미국의 언론대상이라는 퓰리처상을 받은 대기자였다. 사진을 보니 몇번 TV 쇼에서 본 적도 있는 사람이었다. 천안함사건을 철저히 조사할 만한 사람이었다.

그로부터 곧 답장이 왔다. 이번주 내에 하고 싶다. 당신이 쓴 두 글을 가지고 있다. 나에게 통화하기 좋은 시간을 물었다. 이곳 시간으로 새벽이나 저녁이 좋다고 답장을 보냈다.

8월 13일 (금)

새벽에 눈을 떴다. 4시 반. 톰슨 기자가 새벽에 연구실로 전화할지 몰라 서둘러 일어나 자전거를 타고 연구실에 갔다.

그의 이메일이 와 있었다. 토오꾜오 시간으로 저녁에 인터뷰하자고 했다. 시간을 정한 후, 자료들을 보내주었다. 일본외신기자클럽에서 발표한 슬라이드들과 유튜브 링크, 그리고 한겨레 훅 코너에 올랐던 내 글의 영문판을 보냈다.

그는 천안함에 대한 자료들을 많이 읽었는데 과학적인 부분이 잘 이해되지 않는다, 왜 당신은 한국정부 발표를 조작이라 생각하는지 간략한 설명이 듣고 싶다고 했다.

『월스트리트 저널』의 서울 특파원 램스타드(Ramstad) 기자로부터도 인터뷰 요청 이메일이 와 있었다. 나의 『한겨레』 칼럼을 읽었다 했다. 톰슨씨에게 보낸 자료를 그에게도 보내주었다.

인터넷으로 『한겨레』를 잠깐 들어가보니, 헤드라인으로 100분의 원로들이 공개성명을 발표했다는 기사가 보였다. 『프레시안』에도 같은 기사가 있었다. 정부에 대한 국민들의 불신을 크게 걱정하며 천안함사건에 대한 국정조사 등을 요구하는 성명이었다. 기사를 읽어내려가는데, 갑자기 눈시울이 뜨거워졌다.

드디어 원로들께서 움직이시는구나.

오후 3시, 『월스트리트 저널』의 램스타드 기자로부터 전화가 왔다. 흡착물질에 대한 나의 의견을 듣고 싶어했다. 보내준 슬라이드를 설명해주었다. 그는 진지하게 내 말을 들으며 몇가지 간단한 질문을 했다. 최대한 쉽고 성의있게 합조단의 EDS 데이터와 양판석 박사의 씨뮬레이션 결과가 상충되는 것과 그 의미를 설명해주었다. 문제의 핵심을 이해하는 듯했다.

아침부터 있었던 몸살기가 더욱 심해졌다. 저녁식사 후 연구실로 돌아와 저녁 9시에 톰슨 기자와 전화 인터뷰를 했다. 그도 여러 질문을 했고 나는 최대한 열심히 양박사와 나의 실험결과를 설명해주었다. 양박사와 서교수에게도 전화를 할 거라 했다. 30분쯤 후 인터뷰가 끝났다. 그후 한시간쯤 뒤에 추가질문이 있어 두번 정도 이메일을 더 주고 받았다. 양박사로부터 자기도 오늘 톰슨 기자와 이야기할 거라는 연락이 있었다.

오늘도 새벽부터 온 종일 바쁜 하루였다. 아파트로 돌아와서 열이 오른 몸을 침대에 눕혔다. 스스로 원해서 시작했던 일이지만 요즘 해내야 하는 일은 고되기 이를 데 없다. 이런 때 아내와 아이들이 함께 있다는 것이 무척 위안이 되었다.

8월 17일 (화)

미국으로 돌아가는 날이다.

마지막으로 정리할 게 있어 새벽 4시에 연구실에 나와보니, 빌 파월(Bill Powell)이라는 샹하이 주재 『타임』지 기자로부터 이메일이 와 있었다. 천안함사건에 대해 기사를 쓰는데 나와 인터뷰를 하고 싶다고 했다. 벌써 인터넷판에는 기사를 올렸고 나와 인터뷰를 한 후 좀더 길게 써서 종이판에 내겠다는 것이었다. 그의 인터넷 기사를 보니, 온통 한국정부 주장뿐이었다. 최문순 의원과 연락한 것 같은데 최의원의 주장은 거의 싣지 않았고 그나마 아주 왜곡되어 있었다. 『워싱턴 타임즈』의 기자가 떠올랐다. 혹시 마크 톰슨 기자가 양박사와 나의 주장을 기사로 쓰나 해서 이메일을 보내봤더니 자기는 이번주에 기사를 쓰지 않고 파월이 쓴다는 답장이 바로 왔다. 원래 약속과 다르지 않은가? 뭔가 이상하게 돌아가고 있었다.

잠시 생각 후, 빌 파월에게 인터뷰를 해주지 않기로 결정했다. 이 사실을 양박사, 서교수, 박박사에게 알리고 혹시 파월이 인터뷰를 하고 싶으면 하라고 그들의 이메일 주소를 알려주었다. 파월에게는 나는 이미 톰슨과 인터뷰를 했으니 그에게 나의 주장에 대해 물어보라고 하고, 나는 오늘 일본을 떠나 미국으로 가야 하고, 한 잡지에 똑같은 내용으로 두번 인터뷰하고 싶지 않다고 답장을 보냈다.

『타임』지와는 어쩐지 어긋난다 싶었는데, 나중에 알고 보니 쓰지 않는다던 마크 톰슨도 천안함에 대해 기사를 썼다. 그의 기사는 파월의 글보다 훨씬 객관적이었다. 서교수와 나의 주장을 간략하지만 제대로 실었고, 합조단의 미국측 대표 에클스 장군의 주장도 실렸다. 그 기사는 인터넷판 『타임』에 실렸다.

그리고 야후에도 떴다. 반향이 제법 있었다. 내가 합조단 관계자들이 EDS/XRD에 관한 한 아마추어라고 기자에게 이야기를 했던 것이 그 기사에 언급되었는데, 에클스 장군도 초기 좌초설을 주장하는 사람들은 아마추어들이라고 했다. 양쪽이 서로 상대방은 아마추어라고 하는 게 우스웠다. 나중에 보니 『월스트리트 저널』에도 8월 17일 램스타드 기자가 쓴 기사가 떴다.

아침 6시 반, 택시를 타고 공항버스 타는 곳으로 갔다. 딸은 드디어 미국의 우리 집으로 간다고 너무 좋아했다. 아내도 홀가분한 표정이었다.

돌이켜보니, 3개월 조금 넘은 기간 동안 좋은 경험을 했다. 새로운 친구들도 사귀었고, 오랜 지기 중 몇몇 사람들과는 이제 관계가 소원해질 듯했다. 내 일본인 친구처럼 어떤 사람들과는 관계가 더욱 돈독해졌다. 리영희 교수의 말대로 친구는 20년, 30년 사귀어봐야 진면목을 알 수 있다지 않은가.

70, 80년대의 젊은이들은 가혹한 독재치하에서 너무도 칙칙하고 심각하게 청춘의 날들을 보냈는데, 90년대 이후 민주주의가 자리를 잡으면서 한국사회는 한층 발전해왔다. 선배세대와는 달리 발랄하고 자유로운 젊은 세대들이 부럽기도 하고 이런 변화가 참으로 다행스러운 일로 생각되었는데, 다시 과거로 퇴행하는 일이 없었으면 한다. 또한 천안함사건을 계기로 앞으로는 다시 과학이 정치에 악용되는 일이 없었으면 하는 바람이다. 물론 과학이 진실을 왜곡하고 호도하는 정치세력에 주눅들

거나 침묵하지 않고 맞서야 하는 것도 분명한 사실이다.

후배 과학자들은 학자의 양심에, 자기 분야 연구에 충실할 수 있는 분위기가 형성되어 한국사회가 그리도 고대하고 있는 과학분야에서의 노벨상이 곧 나오기를 진심으로 기대해보았다. 나는 가족들과 함께 비행기에 올랐다.

제9장

미국으로 돌아오다

8월 22일 (일)

서재정 교수, 박선원 박사, 그리고 서교수를 방문 중인 한국에서 온 Y교수 가족들과 나의 가족이 만났다. 가족간의 첫 만남이다. 서교수가 아는 애나폴리스(Annapolis)의 체써피크 만(Chesapeake Bay)에 있는 한 레스또랑에서 점심을 먹는 모임이었다. 주차장에서 서교수, 박박사의 가족을 만나 인사를 나누었다.

내 딸은 서교수를 보자마자 친해져서 둘이서 주차장 옆 계단 밑에 내려가 물 위에 설치된 나무 구조물 위에서 놀았다.

서교수의 부인은 "저 사람 별명이 고아원 원장이에요. 아이들을 아주 좋아하고 아이들도 잘 따라요” 하고 웃었다.

일행이 모두 도착한 후 우리는 게요리를 시켰다. 이곳은 인근에서 유명한 게요리 전문 레스또랑이다. 살이 듬뿍 오른, 맵게 요리된 여러 마리의 게가 소쿠리로 나왔다. 커다란 종이를 탁자에 깔고, 나무망치로 두들겨 껍질을 부수고 속살을 꺼내 먹는 맛이 쏠쏠했다.

두살된 아들을 먹이고 돌보느라 아내가 정신이 없자, 고맙게도 박박사와 서교수의 부인들이 게의 속살을 발라 아내에게 건네주었다.

식사 후, 애나폴리스 시내에 산책을 나갔다. 우리는 항구를 걸으며, 한국 내에 존재하는 천안함사건에 대한 두가지 접근 태도에 대해 이야기를 나누었다. 하나는 이제는 이 사건을 묻어두고 앞으로의 길로 나아가자는 것이고, 또 하나는 사건의 진상을 철저히 밝혀야 한다는 입장이 그것이다. 정치인들은 어떨지 모르지만, 우리는 학자로서 진상규명에 힘써야 한다는 데 입장을 같이했다.

우리는 진상규명 작업의 일환으로, 그 전부터 이메일과 인터넷전화로 연락하며 합의를 보았던 천안함에 관한 웹싸이트를 만드는 일에 본격적으로 나서기로 했다. 그후 웹싸이트 일은 박박사가 주도하며 진행되었다.

박박사는 5월말 서울에서 처음 만난 후 오늘 두번째로 만났다. 나중에 이 일로 여러번 더 만났고 서로의 집에도 가서 식사도 같이 하는 사이가 되었다. 알고보니 박박사도 80년대초에 대학을 다녔다. 비운동권이었던 나와는 다르게 박박사는 당시 학생운동을 하며 아주 치열하게 학창시절을 지냈고 그로 인해 2년 넘게 감옥살이를 했던 이력도 있었다.

박박사 집에 초대되었을 때 왜 학생운동에 뛰어들었느냐고 물어보았다.

"광주 때문이었지요. 내가 고2때 광주민중항쟁이 일어났는데 그때 돌아가신 분들께 커다란 빚을 졌다고 느꼈고, 대학에 들어가자마자 학생운동 외에는 다른 길이 없었죠."

그런 마음이 그 당시 박박사뿐이었겠는가. 광주의 비극은 얼마나 많은 젊은이들을 운동에 뛰어들게 했는가.

그는 이후 영국에서 국제정치학 분야의 박사학위를 받았고 노무현정부에서 한반도 군사관계와 안보분야의 대통령 보좌관으로 일했다. 그 경험으로 인해 남북한 군사관계에 대한 지식이 해박하여 천안함사건에 대해 전문적인 발언을 할 수 있는 위치에 있었다.

박박사는 2008년부터 미국으로 건너와 브루킹스 연구소에서 객원연구원으로 일하고 있었는데, 올해 4월 22일에 손석희 씨가 진행하는 라디오 토크쇼에 초대되어 천안함사건에 대해 인터뷰를 하게 되었다. 인터뷰에서 그는 북한 어뢰 피격설을 부정하는 발언을 하였다. 그 발언은 당시 보수언론들에 의해 주도되고 있던 강경 일색의 천안함 논의에 새로운 시각의 물꼬를 튼 몇 안되는 발언 중 하나였다.

이 인터뷰 직후에 김태영 국방장관과 이상의 합참의장은 박 박사를 명예훼손 혐의로 고소한다. (10월 5일, 검찰은 이 고소 건을 무혐의로 처리했다. 검찰도 납득시킬 수 없었던 고소였던 것이다.) 정부의 의도는 정부 주장에 의문을 표하는 사람들에게 경고를 주고 일반 시민들에게 공포 분위기를 조성하려는 것이 아니었나 싶다. 그리고 박박사에게는 한국으로 들어오지 말라는 경고이지 않았나 싶다.

그 경고에도 불구하고 박박사는 서울로 돌아와 국회 천안함 특위의 민주당 쪽 자문위원으로 두달간 활동하게 된다. 그 와중에 내가 5월말 홍콩에서 일본으로 이동하며 하루 저녁 서울에 들렀고 서교수의 소개로 그를 만나 합조단 데이터를 보게 되었던 것이다.

구름이 몰려왔다. 곧 소나기가 내릴 것 같았다. 다음에 또 만나길 약속하고 주차장에서 헤어졌다. 운전대를 잡고 차를 몰기 시작하자 소나기가 쏟아졌다. 메릴랜드에서 버지니아로 넘어가자 비가 그치고 화창한 햇볕이 비쳤다. 두 아이들은 뒷좌석에서 잠이 들었다. 아직 시차적응이 안된 모양이다. 일본 시간으로 따지자면 밤을 꼬박 세운 셈이다.

즐거운 하루였다. 음식도 맛있었고, 가족끼리 만나 유쾌한 시간을 보낸 좋은 날이었다. 그러나 무엇보다도 뜻을 같이하는 동료들과 함께해서 좋은 시간이었다. 드러내놓고 표시하지는 않았지만 우리는 저마다 마음속의 뜨거운 동료애를 확인할 수 있었다.

8월 25일 (수)

카터 전 대통령이 북한에 갔다. 북한에 구금 중인 한 미국인의 석방이 주된 방문 목적이지만 그의 비중으로 봐서 향후 파장이 예상된다는 언론보도가 잇따랐다. 연합뉴스 기사에 의하면, 힐러리 클린턴 국무장관이 8월초에 기존 대북정책 라인에 좌절감을 느끼고 그 라인이 아닌 앤머리 슬로터(Anne-Marie Slaughter)가 이끄는 국무부 정책실에 '신선한 대안들'을 점검하라고 하여 고위급회의가 열렸다고 한다. 그후 카터 전 대통령의 북한 방문이 결정되었으니, 우연보다는 어떤 연관고리로 이어진 일들이지 않나 싶다.

카터 전 대통령의 방북은 나의 기억을 1994년으로 이끌었다. 알다시피 당시 한국의 김영삼정권하에서는 북한 핵문제 때문에 곧 전쟁이 일어날 것 같은 긴박한 상황이 펼쳐졌다. 그때 카터 전 대통령이 북한을 전격 방문하여 김일성 주석을 만났고, 일촉즉발의 전쟁 분위기가 협상 분위기로 가는 결정적인 계기가 만들어졌다.

그때 나는 존스홉킨스대학에서 박사과정에 있었는데, 한반도에서는 절대 전쟁을 해서는 안된다는 한국인들의 절박한 의견을 미국에 알려야겠다는 생각에 영문으로 글을 써서 당시 같은 대학 물리학과에 재학 중이던 한인 학생들의 서명을 받아, 『뉴욕타임즈』와 『워싱턴포스트』에 보냈다. 물론 어디에도 실리지 않았다. 그때는 내 영어가 너무 짧아, 내가 일반물리학 조교를 할 때 알았던 리처드 김이라는 학부학생에게 부탁을 해서, 한나절을 같이 그 선언문을 작성했던 기억이 있다. 아주 똑똑하고 매우 예의 바르던 학생이었다. 지금은 30대 후반이 되었을 텐데, 어디서 무슨 일을 하는지 궁금하다.

그 선언문의 요지는 다음과 같았다. 첫째, 전쟁이 일어나면 그동안 남한이 이루었던 경제기적이 순식간에 파괴되고 어마어마한 수의 무고한 사람들이 죽을 테니 절대 전쟁은 안된다. 둘째, 존경하는 카터 전 대통령의 방북을 전적으로 지지하며 이 기회를 클린턴 행정부가 잘 살리기 바란다. 셋째, 언젠가는 한반도가 통일될 텐데, 통일된 한반도에서 계속 영향력을 가지려면, 그때 이스라엘과 팔레스타인의 평화를 위해 노력하듯이 한반도가 평화통일이 되도록 미국이 적극적으로 도와주어야 한다는 것이었다.

그로부터 15년이 넘는 세월이 흘렀다. 햇볕정책이 성과를 거두고 두차례의 남북정상회담이 있었지만, 이명박정부 들어 남북관계는 급속히 냉각되고, 한반도는 천안함사건으로 새로운 긴장과 대결의 국면으로 들어섰다. 어설픈 박사과정생이었던 나는 십수년이 지나 물리학 교수가 되었지만 여전히 전쟁 불사를 외치는 한국과 미국의 강경파들을 상대로 저항의 목소리를 낼 수밖에 없다.

슬프게도 역사는 돌고 도는가.

8월 26일 (목)

카터 전 대통령이 김정일 위원장을 만날 거라는 모든 이들의 예상을 깨고 김위원장은 카터가 도착한 날 자정에 국경을 넘어 며칠간의 중국 방문을 시작했다. 카터의 방북으로 전세계의 이목이 집중되어 있을 때 김위원장이 방중했다는 것은, 그가 앞으로 북한의 경제·외교 정책을 어느 방향으로 이끌어갈 것인지를 극명하게 보여주는 행위였다.

남북관계는 천안함사건을 맞아 돌이킬 수 없을 정도로 악화되었고 한반도는 동북아에서의 미-중 지역패권 다툼의 장으로 변해버렸다. 북한의 김위원장은 카터를 평양에 남겨둔 채, 지난 5월에 이어 다시 중국을 찾음으로써, 당분간은 대북 강경조치로 일관하는 한·미·일에 대한 기대를 접고 중국의 만주개발과 연결하여 경제발전을 도모하겠다는 의지를 전세계에 극적으로 표시한 것이다. 중국은 후진타오 주석이 만주 창춘까지 와서 김위원장을 만나는 외교적 파격으로 그에 화답했다.

이 시기는 남북의 협력을 통해 민족 동질성을 유지·발전시키고 경제공동체를 형성해 통일로 전진할 수 있는 좋은 기회를 상실한, 불행한 시기로 한민족사에 남을 것이다.

8월 26일 (목)

한일 NGO들, 한국의 평화통일시민연대와 일본 시민평화포럼위원회가 남한, 북한, 미국, 중국 4개국 공동조사단에 의한 천안함사건의 객관적인 조사를 촉구하는 공동성명을 발표했다.

8월 28일 (토)

며칠 동안 매릴랜드에 있는 한 연구소에 와서 내 전공 연구를 하고 있다.

저녁 때는 박박사, 서교수를 워싱턴 조지타운에 있는 한 베트남 음식점에서 만났다. 그 식당은 아주 맛있는 누들수프를 하는 걸로 유명하다. 박박사가 한국 교포인 한 건실한 청년도 데리고 왔다. 우리의 웹싸이트 디자인을 해주기로 한 친구다.

어떻게 웹싸이트를 만들까 의논했다. 나온다 나온다 하며 아직도 나오지 않고 있는 합조단의 천안함 최종보고서가 9월

6일에 공개된다고 하니, 그때를 맞추어 우리 웹싸이트를 완성하도록 일을 진행하기로 했다. 웹싸이트의 주소는 www.truthcheonan.info로 정하였다.

8월 31일 (화)

서교수가 어제 『뉴욕타임즈』에 뜬 기사 하나를 박박사, 양박사, 그리고 나에게 보내주었다. 도널드 그레그(Donald Gregg) 전 주한 미대사가 쓴 기고문이었다. 천안함사건 후 한국과 미국의 대북강경책에 우려를 표명하고 카터 전 대통령의 방문이 오바마 정부의 비효과적인 대북 적대정책이 효과적인 대화정책으로 바뀌는 데 기여하길 바란다는 요지였다.

그는 또 자기의 믿을 만한(well-placed) 러시아 친구로부터 러시아 정부가 자신들의 천안함 조사보고서를 공개하지 않는 이유는 그 보고서가 이명박 대통령에게 큰 정치적 타격을 주고 오바마 대통령을 당황하게 만들 것이기 때문이라는 말을 들었다고 했다.

(9월 3일에는 한겨레, 교통방송, MBC 라디오 등 한국의 여러 언론매체에 그레그 전 대사의 인터뷰 기사가 떴다. 한겨레와의 인터뷰 내용 중 세가지가 눈에 띄었다.

첫째, 러시아는 북한에는 합조단이 주장한 버블제트로 배를 침몰시킬 수준의 고성능 무기가 없다고 판단했고, 둘째, 중국이 조사단을 한국에 보내지 않은 이유는, 가봐야 한국정부의 비협조로 필요한 정보를 얻을 수 없다는 러시아의 조언 때문이었고, 셋째, 당시 북한은 3차 남북정상회담을 제안했고 북미대화를 추진 중이었으며 김대중 전 대통령 부인 이희호 여사를 초청한 상태여서 모든 상황을 스스로 뒤엎을 천안함 공격을 강행했다는 것은 이해되지 않는다는 것이었다.

진실은 숨길 수가 없다. 언젠가는 반드시 드러난다.)

9월 3일 (금)

어제 12년 지기인 일본인 친구 M박사가 쎄미나를 하러 왔다. 쎄미나가 끝난 후 M박사 커플, 내가 속한 물리학과 학과장 푼(Poon) 교수 가족, 또 친하게 지내는 갤러거(Gallergher)교수 커플을 우리집에 초대하여 저녁식사를 같이 했다.

아내는 손님들을 초대하면 주로 생선요리를 내놓곤 했다. 어제는 새로운 것을 시도하고 싶다며, 닭에다 서양 쌀, 온갖 야채와 대추 그리고 소세지를 넣어 만든 스페인 바스끄(Basque) 지방의 요리인 치킨 빠에야를 메인 요리로 내놓았다. 처음 시도한 요리라 아내는 걱정을 좀 했는데, 참 맛있었다.

여러 이야기가 나오다가 천안함사건이 화제가 되었다. 서교

수를 초대하여 서교수와 내가 물리학과에서 매주 금요일 열리
는 콜로퀴엄을 하는 게 어떨까 하고 반응을 살폈다. 정치적으
로 민감한 주제라 푼 교수의 반응이 어떨까 싶었는데 그거 좋
은 생각이라며 흔쾌히 추진해보라 했다. 해서 오늘 아침 서교
수와 통화를 하여 우리의 콜로퀴엄 날짜를 10월 1일로 잡았다.
박선원 박사도 특별히 초대하기로 했다.

　서교수에게서 이메일이 왔다. 9월 30일에 뉴욕에 같이 가서
유엔과 뉴욕대학에서 천안함에 대한 강연을 하는 게 어떻겠냐
는 내용이었다. 다음날인 10월 1일 우리 학교가 있는 곳으로 일
찍 내려와야 해서 시간적으로는 좀 빡빡하지만 하기로 했다.
유엔 일정은 예전에 유엔 안보리 회원국 대표들에게 이메일을
보낼 때 도움을 주었던 피스보트(Peace-boat)의 이나래씨가,
뉴욕대 일정은 헨리 임(Henry Em) 교수가 주선하기로 했다.

9월 7일 (화)

『프레시안』에 주목할 만한 기사가 하나 떴다. 서울대 통일평
화연구소가 7월 12일에서 24일까지 전국의 성인 남녀를 대상
으로 실시한 여론조사에 대한 기사였다. 정부의 천안함 조사결
과에 대해 32.5%가 신뢰한다, 35.7%가 신뢰하지 않는다, 그리
고 31.7%는 반신반의한다고 답했다 한다. 67.4%, 즉 세 사람 중

두 사람이 정부 발표에 대해 의구심을 떨치지 못한다는 것이다. 영·호남 간 지역 차이 없이, 나이가 어릴수록, 그리고 학력이 높을수록 불신하는 것으로 나타났다고 한다.

옛말대로, 한 사람을 영원히 속이거나 많은 사람을 잠시 속일 수는 있다. 그러나 많은 사람을 영원히 속일 수는 없다.

9월 6일 발표된다던 합조단 최종보고서는 발표되지 않았다.

9월 9일 (목) ~ 10일 (금)

이명박 대통령이 원래 일정에 없던 러시아 방문길에 올라 푸틴 총리와 메드베데프 대통령을 만났다. 한국 합조단의 최종보고서 발표는 다시 9월 13일로 미루어졌다고 보도됐다. 박선원 박사가 이메일로 보내준 워싱턴 유력 소식지 『넬슨 리포트』 (Nelson Report)도 이명박 대통령이 보고서를 일반에 공개하기로 결정했다는 사실을 미국 정부 관리들로부터 직접 들었다 하니, 이번에는 정말 나오려나 보다. 헌데 그 발표가 굳이 이대통령의 러시아 방문 후인 것은 우연에 불과한가?

최문순 의원과 여러 언론매체는 대통령이 러시아를 방문하는 진짜 목적이 정치적 뒷거래를 통해 러시아의 천안함 보고서를 조율하기 위한 것이 아니냐는 의혹을 제기했다. 예정에도 없던 이 방문은 한국정부가 먼저 요청해 성사되었다는 보도까지 있었으니 그 속내를 알다가도 모를 일이다.

9월 10일 박지원 민주당 원내대표는 당내의 천안함특위를 재가동하기로 하고, 국회 천안함 진상조사 특별위원회의 재소집을 요구하기로 했다고 말했다.

(그후 9월 22일, 러시아 정부는 러시아의 천안함 보고서를 한국정부에 전달하지 않을 것이라고 밝혔다. 9월초부터 러시아 언론들이 러시아 조사단의 보고서가 외교채널을 통해 곧 한국정부에 전달될 것이라고 보도해왔는데, 이날 러시아 외무차관이 기자간담회에서 보고서를 전달하지 않을 방침이라 했다 한다. 이것을 두고『민중의소리』는 'MB 방러 약발이 먹혔나'라며 의문을 표시했다.

러시아의 천안함에 대한 대응은 눈여겨볼 만했다. 먼저 자신들의 조사단을 한국에 보냈고, 그 조사단이 러시아에 돌아가 분석결과 보고서를 썼다. 이 보고서의 내용은 이미『한겨레』나 도널드 그레그 전 대사에 의해 일반에 알려졌다. 단지 공식적이지만 않을 뿐…… 천안함사건 이후 러시아는 줄곧 한반도 긴장을 고조시켜서는 안된다는 입장을 밝혀왔고, 합조단 발표가 나고 러시아 조사단이 귀국한 후 러시아 대통령이 나서서 그 외의 다른 의견도 있고 경청해야 한다는 말을 함으로써 한국 합조단의 결론에 동의하지 않음을 시사했다.

이제 와서 그 보고서를 한국정부에, 따라서 일반에 공식적으로 발표하는 것은 한국과 미국 정부만 난처하게 할 터이니 그것보다는 그것을 비공개로 하는 대신에 경제적인 반대 급부를 한국정부로부터 얻어내려 했을 수도 있겠다. 러시아 입장에서는 얻을 수 있는 실리는 다 얻었다는 것인데 그 뒷마무리가 못내 아쉽다. 그러나 러시아가 한국정부에 보고서를 전달하지 않는다는 것 자체가 『한겨레』의 보도나 그레그 전 대사의 말대로 합조단 주장을 정면으로 반대한다는 반증이지 않겠는가. 언젠가는 그 보고서가 세상에 나오지 않겠는가.

국가 이익이 진실에 앞선다는 냉정한 국제사회의 한 면을 보는 듯하여 씁쓸하고, 감추어야 하는 치부를 가지게 된 한국정부가 앞으로 국민에게 얼마나 경제적·도덕적 손실을 끼칠 것인가 하는 생각에 안타까웠다.)

9월 11일 (토)

아침에 워싱턴 D.C.로 차를 몰았다. 합조단의 최종보고서가 월요일(9월 13일)에 나온다니, 우리의 천안함 웹싸이트(www.truthcheonan.info)를 빨리 완성하기 위해 박박사, 서교수와 오늘 오전에 워싱턴 듀퐁써클 근처에 있는 서교수 사무실에서 모여 작업을 하기로 했다. 토요일이고 날씨도 화창해서 가족과 소풍을 가기에 최적의 날이었지만, 아내에게 양해를 구하고 워싱턴으로 갔다.

오후에는 웹싸이트를 디자인하는 장 클린트(Clint)군과 자료 정리를 도와주는 조은영씨가 오기로 했다. 두 사람이 오기 전에 우리 셋이 먼저 모여 현재 웹싸이트를 어떻게 개선하고 무엇을 첨가할 것인지를 정리했다.

2시경, 두 사람이 왔다. 개선할 사항에 대해 토론을 했다.

톱 배너 제목은 '천안함의 진실'로 정했다. 한국정부가 만든 '천안함 스토리'에 비하면 디자인 면에서 훨씬 뒤처지지만, 우리 웹싸이트에는 진실이 담긴 자료들이 모여 있으니 많은 사람들이 유용하게 이용하길 기대해본다. 천안함 침몰로 인해 희생된 46명의 장병들과 그 유가족들이 가장 바라는 것은 진실규명이 아니겠는가. 우리의 웹싸이트가 진실규명에 조금이나마 도움이 되기를 간절히 바라며 작업했다.

9월 13일 합조단 최종보고서가 나오는 날에 모든 사항들에 대한 우리의 분석결과를 발표하는 것은 물리적으로 불가능하다. 모든 사항에 대한 우리의 최종보고서를 작성한 후 나중에 일괄적으로 웹싸이트에 공개할지 아니면 13일까지 공개가 가능한 사항에 대해 1차 보고서를 공개하고 차후에 다른 사항들에 대한 의견을 단계적으로 넣지를 토론했다. 서교수와 박박사의 의견대로 전자를 택하기로 했다.

9월 13일 (월) ~ 15일 (수)

9월 13일. 미루기를 수도 없이 한 국방부의 천안함 최종보고서가 드디어 나왔다. 박박사와 서교수가 소식을 알려주어 국방부 싸이트에 가서 보고서를 다운로드했다. 우선 '1번' 어뢰에 대한 부분을 살펴보았다. 양판석 박사에게도 알려주었다.

먼저 눈에 띈 것은 5월 20일에 북한 소행의 '결정적 증거'라고 크게 떠들었던 1번 어뢰의 '과학적' 증거들에 대한 기술은 205페이지나 되는 본문에서 고작 4페이지(1번 글씨에 대해 2.5페이지, 흡착물질에 대해 1.5페이지)밖에 없었다. 흡착물질에 관한 데이터들 중 본문에서는 오직 천안함과 어뢰 프로펠러에서 채취한 흡착물질 데이터만 보여주었다. 5월 20일에 보여준 모의실험에서 나온 흡착물질의 EDS데이터조차 본문에 나오지 않았다. 다른 모든 데이터들은 부록에 실었다. 결과에 대해 자신이 있었으면 본문에 실었을 텐데 부록에 실었다는 것은 그만큼 자신도 없고, 내가 주장해왔던 것처럼 모의 폭발실험 쌤플의 EDS데이터가 조작되었다는 것을 반증하지 않을까 한다.

그 다음에 눈에 띈 것은 '1번' 글씨가 타지 않을 수 있다는 것을 카이스트 송태호 교수의 틀린 주장을 빌려서 주장하고 있다는 점이었다. 또한 '1번' 잉크의 성분 분석 결과, "대부분 국가에서 유사한 원료를 사용하여 제조국 식별은 제한되었다"즉 원산지가 어디인지 모른다고 적었다.

이 두가지를 볼 때 '1번 어뢰'가 증거가 될 수 없음을 인정하고, 최종보고서에서는 그 의미를 축소한 것이 아닌가? 이렇게 부실한 증거를 들고 유엔 안보리까지 가서 북한을 규탄한 이 정권의 저돌성과 무모함이 참 대단하다.

이번 최종 발표의 압권은 아무래도 국방부가 제작한 만화다. 가상의 주간지 기자와 그의 여자친구가 나누는 대화를 통해서 천안함 침몰에 대한 국방부 주장을 정당화하는 내용이다. 게다가 "이모, 서모 교수"라며 나와 서재정 교수에 대한 인신공격까지 담고 있었다. 나는 하도 어이가 없어서 실소할 수밖에 없었다. 이런 만화책을 왜 만들었을까. 박선원 박사는 이 만화책이 예비군과 중고등학교 학생들에게 배포될지도 모른다고 했다.

양박사와 통화를 했다. 양박사와 나는, 정부의 최종보고서에는 우리가 제기했던 과학적 오류에 대한 제대로 된 반론이 없고 오히려 그 문제들을 회피했다는 데 의견을 같이했다. 자세한 반론은 이달 말쯤 박박사, 서교수와 함께 내겠지만, 내일쯤에는 최종보고서가 중요한 과학적 이슈들을 회피하고 송교수의 주장을 근거로 하는 등 왜곡이 있음을 정리해서 발표하는 게 좋겠다는 데 생각이 일치했다.

예전에 손석희씨와의 인터뷰에서도 언급한 합조단 모의실험 비디오 몇 컷이 최종보고서에 실렸는데 그걸 보면 송교수의 버블 팽창이 가역적 과정이라는 가정이 터무니없음을 쉽게 알 수 있다. 이것을 포함하여 우리의 1차 보고서 초안을 썼다. 박박사와 서교수에게 그 초안을 보내고 이것을 공개하자는 의견을 제안했다. 두분은 동의와 함께 초안에 대한 좋은 코멘트를 많이 해주었다.

9월 14일 저녁 늦게 우리의 1차 보고서를 국내의 몇몇 기자들에게 보냈다.『한겨레』의 권태호 워싱턴 특파원이 전화를 해와 잠깐 인터뷰를 했다. 정부의 최종보고서에 관해 여러가지 이야기를 하면서 학생이 이런 리포트를 제출하면 F학점을 받을 것이라고 얘기했다. 미리 정해진 결론에 끼워맞추기 위해 증거들을 왜곡, 조작했으니 이것은 학문의 정직성을 깨는 것이다. 당연히 F학점을 맞을 것이다.

어쨌거나, 나의 'F학점' 발언이 다음날 한겨레에 톱기사로 떴다. 전에도 여러번 나의 발언이 한국 언론에 톱기사가 되었는데, 문득 이런 것들이 나를 자만하게 만들고 있지는 않은가 하는 염려가 들었다. 빨리 이 일을 정리하고 본연의 연구로 돌아가야겠다는 생각을 했다.

물론 천안함 진실규명에서 완전히 손을 떼지는 않겠지만, 조만간 평범한 물리학자로 돌아가 다시 학문 연구에 몰두하게 되기를 희망해본다. 한국의 국회나 과학계를 비롯한 시민사회가 본격적으로 나서준다면, 그 시기가 더 빨리 오지 않을까 싶다.

9월 19일 (일) ~ 24일 (금)

19일, 내 연구실에 있는 두명의 멤버들, 일본인 I박사, L군과 함께 독일 베를린 교외에 있는 한 연구소에 왔다. 우리 본연의 물리연구 프로젝트를 위한 실험을 하러 일주일 정도의 일정으로 온 것이다. 그동안 천안함 일 때문에 소홀했던 연구를 미국에 돌아온 8월 중순부터 다시 본격적으로 시작했다. 이번 베를린 방문은 그 일환이다.

그동안 내 그룹 멤버들에게 별로 관심을 보여주지 못해 미안한 마음이었는데 이번에 두 멤버들과 함께 와서, 특히 L군에게 조금이나마 미안함을 덜게 되었다. I박사, L군과 실험도 같이 하고 저녁도 함께 먹으며 많은 물리 토론을 했다. 둘 다 실험을 즐기며 몰두하는 듯해서 나까지 덩달아 즐거웠다. 과학을 하는 사람이 가장 큰 즐거움을 느끼는 때는 자신이 하는 실험이 순조롭게 진행되는 때다. 20일, 아침부터 시작한 중성자 빔을 이용한 실험은 궤도에 올라 잘 돌아가고 있다.

저녁 때 시간이 조금 나서 인터넷에 들어가 잠시 한국과 미국의 신문들을 보았다. 한국은 추석 연휴가 시작된 참이었다. 천안함사건에 대한 최근 한국정부의 대책은 강경파와 온건파의 목소리들이 정리가 안된 채로 혼란스러운 듯했다. 미국에서는 스티븐 보즈워스 국무부 대북정책 특별대표 등의 대화파가 힘을 얻어가는 듯하다. 그가 13일부터 한·중·일을 차례로 방문했고 그리고 클린턴 전 대통령 재임시 동아시아 정책에 관여했던 쑤전 셔크(Susan Shirk)를 포함한 대북 전문가 일행이 9월 13일 북한을 방문했다고 한다.

한반도 해빙 분위기가 언제 본격화될지는 알 수 없지만 한국 정부가 발목을 잡거나 그 속에서 고립되지 않기를 바라마지 않는다. 며칠 전에는 민변과 참여연대를 중심으로 1190명의 '정보공개 시민청구인단'이 천안함 침몰 당시의 TOD 영상 등 정보를 공개하라며 국방장관과 감사원장을 상대로 법원에 소송을 냈다고 한다. 이제 천안함 진상규명 문제는 정부의 손을 떠나 시민사회의 노력이 중요한 국면으로 넘어온 듯하다.

제10장

끝나지 않은 천안함사건

9월 27일 (월)

오늘 새로운 실험을 하나 했다.

합조단이 최종보고서에서 모든 흡착물질이 (폭발과 관계가 있되 XPD데이터에서는 나타나지 않는) 비결정질 산화알루미늄임을 주장하기 위해 새로이 부록으로 내놓은 열처리 실험 결과와 해석에 대한 검증이 나의 목적이다.

합조단의 결과와 주장은 다음과 같다.

(1) 흡착물을 900℃ 이상으로 고열처리한 후 냉각하면 결정질 산화알루미늄이 생성된다.

(2) 이것은 열처리 전 원래의 흡착물질이 비결정질 산화알루

미늄이라는 것을 증명한다.

그럴 듯한 논리다. 그러나 합조단은 다른 한가지를 이야기하지 않는다. 수산화알루미늄도 고열처리를 하면 결정질 산화알루미늄이 된다. 다시 말하면 흡착물질이 원래 산화알루미늄이었는지 수산화알루미늄이었는지를 확정할 수 없는데도, 이것을 마치 합조단의 주장이 맞는 증거인 양 채택하고 있는 것이다.

독일에 가기 며칠 전에 문득 간단한 실험을 통해 이것을 증명해보는 것도 흥미롭겠다는 생각이 들어 화학물질을 파는 회사에 수산화알루미늄과 산화알루미늄을 주문하고 독일 여행을 떠났었다. 지난주 초에 주문한 것이 도착해서, 금요일부터 내 그룹에 있는 일본인 K박사와 함께 두 물질들을 합조단과 동일한 방식으로 여러 온도에서 열처리해두었다. 오늘은 그 쎔플들을 공대에 있는 한 연구실에 가져가 미국인 담당자 R씨와 함께 두시간에 걸쳐 EDS를 찍기로 한 날이다. 그런데 두시간 동안 모든 쎔플들을 다 찍지 못해서 내일 한시간을 더 하기로 했다. XRD는 내 그룹의 실험실에서 찍었다.

9월 28일 (화)

EDS와 XRD 데이터는 예상대로 나왔다. 결론은 합조단의 흡착물질이 수산화알루미늄이었다는 것이다. 합조단은 흡착물질의 온도를 200, 400, 600, 900℃로 순차적으로 높이는 실험을 했다는데, 그중 200℃에서의 열처리 후 합조단이 결과로 내놓은 EDS데이터가 결정적인 증거였다. 이는 합조단의 해석이 틀렸든지 아니면 고의로 해석을 잘못한 것이다. 이 결과를 목요일 뉴욕 강연과 금요일 콜로퀴엄에서 이야기하기 위해 몇개의 슬라이드로 준비했다.

저녁 때는 이 새로운 부분의 슬라이드들을 『한겨레21』 하어영 기자에게 이메일로 보냈다. 조금 후 하기자로부터 전화가 와서 그 새로운 실험결과를 설명해주었고 하기자는 기사를 쓰겠다고 했다.

『한겨레21』 10월 7일자 하어영 기자의 기사를 수록한다.

"아무리 물을 타도 국방부 실험은 틀렸다"

천안함사건의 최종보고서가 지난 9월 10일 발간됐다. 제목부터 정부의 입장을 그대로 투영한 '천안함 피격사건'이다. 머리말의 문장에 등장하는 '북한'이라는 단어는 모두 빨간색으로 강조돼 있다. 지난 5월 20일 민군합동조사단(이하 합조단)의 중간발표 이후 많은 논란이 있었음에도 결론은 전혀 달라지지 않았다. 그렇다면 국방부의 최종보고서는 그만큼의 자신감을 담고 있을까?

보고서는 289쪽에 걸쳐 △사건 개요 등의 서문 △침몰 요인 판단 결과와 형상 및 흔적 분석, 증거물 분석 등을 담은 분야별 세부

분석 결과 △북한의 소행이라는 결론으로 구성된다. 자료의 두께만으로는 중간발표에서 공개된 자료보다 훨씬 많은 내용이 담긴 것처럼 보이지만, 중간발표에서 논란이 됐던 항목들은 모두 빠지거나 같은 주장을 되풀이하는 수준에 그쳤다. 천안함의 항로, 잠수함정의 정체, 북한의 어뢰 기술력 등이 언급되지 않았고, 1번 어뢰의 부식상태와 폭약 성분, 스크루의 휜 상태 등도 내용이 배제되거나 기존 설명을 반복한 것이다.

중간발표 당시 유일한 과학적 근거로 지목됐던 '흡착물질' 분석은 아예 본문이 아닌 부록에 실렸다. 국방부의 결론이 어뢰에 의한 피격이라면 그 시작은 어뢰 폭발이 있었다는 것이고, 최종보고서는 그 대목에서 시작됐어야 했다. 지난 5월 20일의 중간발표에서 흡착물질 분석이 주요하게 다뤄졌던 것도 같은 이유에서다. 또한 흡착물질 분석이 지난 몇달 동안 논란의 중심에 섰던 것은 그 중대성을 방증하는 것이기도 하다.

사안이 이렇게 중요함에도 최종보고서는 그동안의 논란에 대한 해명이나 언급 없이 흡착물질이 폭발의 결과물인 (비결정질) 알루미늄 산화물(Al_2O_3)이라는 주장을 반복한다. 다만 이런 주장을 뒷받침하기 위해 새로운 실험을 추가했다. 천안함 선체와 어뢰 등의 흡착물질을 가열해 900도까지 온도를 높여가며 단계별로 구성성분을 판독하는 실험과 흡착물질을 1200도의 고열로 열처리한 뒤 관찰하는 실험을 추가한 것이다.

흡착물질이 어뢰 폭발로 생긴 물질이 아니라는 의혹을 처음 제기한 이승헌 버지니아대학 교수(물리학)는 최종보고서를 접한 뒤 곧바로 보고서에 추가된 실험을 분석했다. 그리고 지난 9월 28일 자신의 새로운 실험 결과를 『한겨레21』에 보내왔다.

이교수의 실험은 최종보고서에 추가된 합조단의 실험을 가정을 달리해 시행한 것이다. 국방부는 시료인 흡착물질이 폭발의 결과물인 알루미늄 산화물(Al_2O_3)이라는 전제 아래 실험을 진행했고, 이교수는 흡착물질이 폭발이 아니라 자연상태에서 부식 등으로 인해 생길 수 있는 수산화알루미늄($Al(OH)_3$)이라는 가정으로 실험을 해본 것이다.

국방부와 이교수의 실험을 비교해보자. 국방부가 이번에 추가한 실험은 크게 두가지다. 첫번째 실험은 흡착물질을 900도까지 가열하면서 에너지분광기 분석을 통해 그래프의 결과가 어떻게 변화하는지를 본 것이다(최종보고서 258쪽 그래프). 이 실험을 추가한 것은 지난 6월말 양판석 박사(캐나다 매니토바대학 지질학과 분석실장)가 제기한 의문점과 관련이 있다. 양박사는 당시 합조단이 공개한 흡착물질의 에너지분광기 그래프상 산소와 알루미늄의 비율을 분석하면, 폭발의 증거인 알루미늄 산화물(Al_2O_3)보다 산소의 비중이 많기 때문에 이는 자연상태에서 발견할 수 있는 수산화알루미늄($Al(OH)_3$)으로 보인다는 의혹을 제기했다. 합조단은 이에 대해 양박사가 알루미늄 산화물이 함유하고 있는 (일상의 물이라는 의미에서의) 수분의 존재를 간과했으며, 그것을 고려하면 흡착물질은 알루미늄 산화물이 맞다고 해명했다. 당시 양박사는 합조단이 말하는 수분(일상의 물)은 실제 에너지분광기 실험에서 모두 증발하는 것이고, 수산화알루미늄처럼 화학적으로 수소와 산소가 결합돼 있는 상태(OH)여야 분광기를 통해 분석이 가능하다고 재반박했다. 결국 합조단이 분석한 흡착물질은 수산화알루미늄이라는 것이다.

국방부의 새로운 실험은 알루미늄 산화물이 수분을 함유하고 있다는 점을 재차 입증하기 위한 것이었다. 이 실험에서는 흡착물질의 온도가 200도, 400도, 600도, 900도 등 순차적으로 올라가면서 산소 비율이 줄어드는 현상을 확인했는데, 이를 두고 국방부는 수소와 산소의 결합물인 수분(일상의 물)이 증발하면서 산소가 빠져나갔기 때문이라는 결론을 내리고 있다. 하지만 이는 양박사가 이전에 합조단의 해명을 거듭 반박하며 제시했던 '수분은 에너지분광기 실험과정에서 다 증발한다'는 지적에 대한 반박은 되지 못한다.

이승헌 교수가 이번에 실시한 실험에서도 이런 사실이 확인된다. 이교수는 국방부와 동일한 방식으로 실험을 진행했다. 이교수의 결론은 바뀌지 않았다. "흡착물질은 비결정질 알루미늄 산화물이 아니라 폭발과는 관련이 없는 수산화알루미늄에 불과하다."

이교수는 우선 99% 순도의 수산화알루미늄($Al(OH)_3$)을 준비했다. 실험방법은 국방부의 최종보고서를 따랐다. 준비한 수산화알루미늄을 가열하면서 에너지분광기로 성분을 분석했다(이승헌 보고서 3쪽 그래프). 실험 결과, 상온에서 산소와 알루미늄의 비율은 0.8이었으나 900도로 가열하자 그 비율이 0.4 정도로 산소의 비율이 줄어들었다. 국방부의 새로운 실험과 같은 결과를 보인 것이다. 국방부가 시료로 사용한 흡착물질이 수산화알루미늄이라도 결과는 똑같게 나오기 때문에 흡착물질을 알루미늄 산화물로 단정지을 수 없다는 결론이 나온다.

이교수는 "국방부는 이번 실험을 폭발의 결과물인 알루미늄산화물 안에 있던 (일반적 의미의) 수분을 열처리를 통해 빼내는 과정이고 그것이 흡착물질이 폭발물질임을 입증하는 것이라고 말하지만 그 수분의 존재는 이미 에너지분광기 분석과정에서 없어진다는 것을 또 한번 간과한 것에 불과하다"고 말했다.

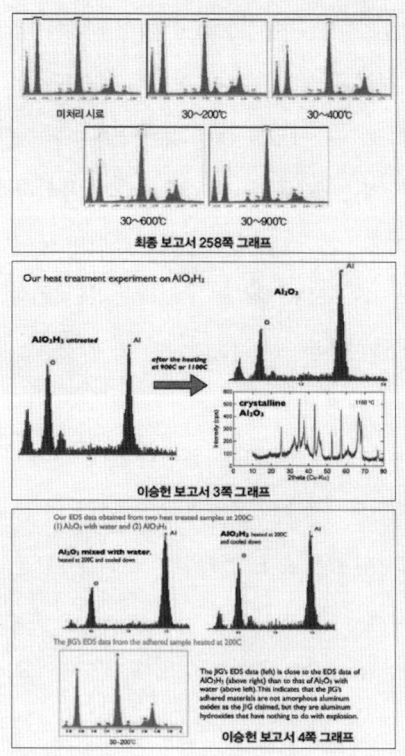

이교수의 실험은 여기서 한 발짝 더 나간다. 이교수는 합조단이 양박사의 주장을 해명하는 데 동원했던 수분 함유 문제를 반박하기 위해 합조단의 주장대로 알루미늄 산화물에 물을 40% 섞었다. 그리고 200도 열처리를 한 다음 에너지분광기 실험을 거쳐 산소와 알루미늄 비율을 따져본 것이다(이승헌 보고서 4쪽 그래프). 이 실험에서 나온 비율은 0.3이었다(이승헌 보고서 4쪽 그래프 상단 왼쪽). 이는 국방부의 이번 실험 가운데 200도 단계의 열처리 실험 결과값인 0.8과 큰 차이를 보인다(이승헌 보고서 4쪽 그래프 하단).

이번에는 수산화알루미늄($Al(OH)_3$)을 200도로 가열했다가 냉각시킨 뒤 에너지분광기로 분석했다. 결과는 0.7이었다(이승헌 보고서 4쪽 그래프 상단 오른쪽). 이교수는 이로써 물을 섞은 알루미늄 산화물보다 수산화알루미늄이 기존 흡착물질 실험 결과와 더 유사하다는 사실을 밝히고 있다. 이교수는 "실험 결과는 흡착물질이 물이 섞인 알루미늄 산화물이 아니라 수산화알루미늄이라는 것을 보여준다"며 "국방부 최종보고서의 실험이 자신들의 논리만 꿰맞추기 위한 것이었음을 방증하는 셈"이라고 말했다.

물론 이 실험에는 '물을 섞는 과정에서 사건 당시의 환경이 고려되지 못했다'는 한계가 존재한다. '폭발의 고열과 바닷물에서의 급랭이 가진 불규칙성과 복잡성이 개입된 원시료와의 차이를 어떻게 설명할 수 있느냐'는 지적도 제기될 수 있다.

하지만 이에 대해 이번 실험을 검토한 한 국공립대 교수는 "그럼에도 국방부는 이교수의 실험에서 쓰인 시료가 원시료와 비교할 때 만들어진 환경이 다르다는 말만으로는 넘어갈 수 없을 것"이라며 "합리적인 의심을 가진 실험이다. 국방부는 공개 재실험을 통해 이교수를 재반박해야 한다"고 말했다. 이어 "흡착물질이 어디서 왔는지를 둘러싼 국방부의 폭약기원설, 이교수의 수산화알루미늄설을 재실험을 통해 입증될 수 있을 만큼 우리는 세계적인 나노기술을 갖고 있다"며 "일부 흠결이 있음에도 이교수의 실험이 여전히 설득력을 가질 수 있는 상황 자체가 국방부가 내놓은 최종보고서가 얼마나 부실한지를 보여주는 것"이라고 덧붙였다.

국방부가 이번에 추가한 두번째 실험은 흡착물질을 1200도의 고열로 열처리한 뒤 관찰하는 실험이다. 이는 5월 20일 중간발표 당시 엑스선회절기 분석에서 알루미늄 성분이 검출되지 않은 문제와 관련이 있다. 당시 이승헌 교수 등은 "애초 흡착물질에 폭발물질인 알루미늄 산화물이 없었기 때문에 알루미늄 산화물이 검출되지 않았다"고 문제제기했고, 합조단 쪽은 "알루미늄이 고온의 폭발을 거치면서 100% 비결정질로 바뀌었기 때문에 엑스선회절기 분석에서는 검출되지 않는다"고 반박한 바 있다. 이에 이교수 등은 "고온에서도 알루미늄이 100% 비결정질로 바뀌는 것은 불가능하다"고 재반박했다.

국방부의 이번 실험은 흡착물질에서 검출되지 않았던 산화알루미늄이 열처리를 거치니 다시 검출됐다는 게 핵심이다. 국방부는 보고서에서 "흡착물질을 1200도로 30분 동안 가열을 한 뒤 자연상태에서 서서히 냉각한 다음 엑스선회절기로 분석해보니 애초 등장하지 않았던 알루미늄 산화물이 등장했다"며 "이는 애초 흡착물질이 비결정질 산화물이었기 때문에 엑스선회절기 분석에서 나타나지 않았지만 열처리에 의해 결정질로 바뀌면서 분석결과에서 나타났다는 것을 보여준다"고 설명하고 있다. 이로써 흡착물질이 알루미늄 산화물이었다는 결론을 도출하고 있는 것이다.

이를 반박하기 위해 이승헌 교수는 국방부의 두번째 실험과 동일한 실험을 진행했다. 대신 조건 하나에 변화를 줬다. 국방부가 흡착물질을 시료로 쓴 것처럼 수산화알루미늄을 실험의 시료로 쓴 것이다. 이교수의 실험에서 수산화알루미늄은 1200도의 고열처리를 거치면서 결정질 알루미늄으로 변화했다. 결론적으로는 국방부의 결과와 동일하게 나왔다. 하지만 이교수는 "알루미늄 산화물이든 수산화알루미늄이든 이 실험 결과는 동일하게 나오게 된다"며 "국방부가 이런 사실을 알면서도 최종보고서에 자신들의 실험으로 흡착물질이 폭발물질이라는 것을 확인했다는 식으로 단정짓는 것은 어불성설"이라고 말했다.

게다가 최종보고서의 실험은 이승헌 교수의 "(결정질) 알루미늄이 폭발·냉각을 거치면서 비결정질 알루미늄 산화물로 100% 변한다는 것은 불가능에 가깝다"는 주장에 대해서는 전혀 해명하고 있지 않다. 그저 "폭발물에 들어 있는 알루미늄이 폭발과 급랭을 거치면서 100%에 가깝게 비결정질 알루미늄 산화물로 변해 엑스선회절기에는 알루미늄이 보이지 않는다"는 과거 주장을 되풀이할 뿐이다.

이승헌 교수는 자신의 실험 결과를 들고 서재정 미국 존스홉킨스대 교수(정치학)와 함께 강연에 나섰다. 지난 9월 30일 뉴욕대 강연에는 한국 언론뿐만 아니라 미국 언론, 비정부기구 등이 참석했다. 지난 10월 1일에는 자신이 재직하고 있는 버지니아대에서도 서교수와 함께 강연을 했다.

어뢰 피격의 가장 기본 전제인 폭발물질 논란조차 해명하지 못한 최종보고서를 둘러싼 논쟁은 계속될 수 있을까. 진실을 찾기 위한 노력을 멈추지 않는 학자들은 여전히 있다. 이교수는 "최종보고서를 둘러싼 활발한 논쟁을 기대한다"는 말을 남겼다.

하어영 기자

9월 29일 (수)

아침 9시경 기차에 몸을 실었다. 워싱턴에 도착해 서재정 교수와 박선원 박사를 만나 다음날 뉴욕에서 열릴 강연을 함께 준비했다. 오후 6시경 박박사와 나는 먼저 기차를 타고 출발했다.

밤 9시 30분. 뉴욕은 가랑비가 내리고 있었다. 택시로 이나래 씨가 잡아준, NGO 회원들이 자주 이용하는 숙소로 갔다. 짐을 풀고 근처에 있는 조그만 식당에서 간단한 저녁을 먹으며 이야기를 나누었다. 1시간 후 서교수가 도착해서 함께 조금 더 이야기한 후 11시경 숙소로 돌아와 잠을 청했다. 내일은 도널드 그

레그 전 주한 미대사와 아침식사 약속이 있다. 서교수가 연락
하여 성사된 자리다.

9월 30일 (목)

아침 일찍 일어났다. 우리 셋은 택시를 타고 약속장소인 뉴
욕의 한 호텔 식당에 도착했다. 만나기로 한 오전 8시보다 10분
정도 이른 시간이었다. 잠시 호텔 로비에 앉아 있으니, 신문지
상에서 보던 그레그 전 대사가 회전문을 통해 들어왔다. 일어
나 반갑게 인사를 나눴다.

식사를 하며, 우리는 그레그 전 대사에게 그의 『뉴욕타임즈』
칼럼이 한국뿐만 아니라 미국을 비롯한 세계에서 반향이 매우
컸고 우리에게 큰 힘이 되어주었다고 말했다. 그는 칼럼이 발
표된 후, 미국에 있는 한인교포 단체장들로부터 비판적인 이메
일을 받았다면서 다른 한국인들은 그 칼럼을 어떻게 받아들였
는지 궁금해했다. 우리는 최근 서울대의 한 연구소가 실시한 여
론조사에서 70%가량의 한국인들이 정부의 천안함 발표를 믿지
않거나 반신반의한다고 답변한 결과가 나왔다고 말해주었다.

그레그 전 대사는 남한정부가 천안함 침몰을 계속 북한 소행
으로 주장하며 그에 대한 사과를 6자회담의 전제조건으로 요
구해서는 남북관계가 한걸음도 나아갈 수 없다며 염려의 말을

꺼냈다. 최근에 카터 전 대통령이 북한을 다녀온 후 자신에게 메모를 보냈는데, 카터 전 대통령이 북한 당국자들에게 들은 말들은 최근 북한을 다녀온 쑤전 셔크를 비롯한 미국 경제전문가팀이 북한 당국자들에게 들은 것과 똑같았다는 것이다. 새로운 리더십의 등장과 함께 북한은 자신들의 주안점을 핵 억지력 강화에서 경제발전으로 이동할 거라는 것이다. 그리고 최근에 북한내 미국통인 강석주(姜錫柱)와 김계관(金桂冠)이 진급한 것은 북한의 미국과의 관계개선 의지를 보여주는 거라는 북한 관리들의 말이 있었다 한다.

그레그 전 대사는 진실을 위한 우리의 노력을 높이 산다고 말하며 남북관계가 천안함사건의 인질이 되어서는 안된다고 했고, 우리도 그 점에 대해 적극적인 동의를 표했다.

그레그 전 대사와 헤어진 후, 인근 까페에서 마지막으로 프리젠테이션을 점검하고 간단한 스프와 빵 한조각으로 점심을 때웠다. 그러곤 유엔본부 건물 바로 옆의, 유엔 소속 NGO 사무실들이 모여 있는 처치쎈터(Church Center) 건물에 갔다. 이나래씨가 마중을 나왔다.

발표장에 갔다. 1시경, 한 40명이 왔다. 7명 정도가 한국사람인 듯했고 나머지는 모두 미국을 비롯한 외국 사람들이었다. 젊은 학생들과 40, 50대의 NGO 베테랑처럼 보이는 분들, 매우 우아한 모습의 남녀 원로들도 오셨다. 이나래씨가 천안함사건에 대해 간단하게 소개한 후, 서교수와 나의 발표가 있었고, 주최 측인 피스보트에서 나온 일본인 대표가 천안함사건이 어떻게 일본 오끼나와 미군기지 존속에 이용되었는지를 발표했다.

그후 아주 열띤 질문이 있었고 우리에 대한 지지발언도 쏟아졌다. 한 원로 여성은 객석에 앉은 젊은 실무자들에게 이 모임에 대해 NGO 인턴들로 하여금 리포트를 쓰게 하라는 조언도 주셨다. 이 모임으로 NGO들에서 무슨 움직임이 있을 것 같다는 희망 섞인 생각이 들었다.

저녁 7시에는 뉴욕대 동아시아학과에서 콜로퀴엄을 열었다. 50명 정도 왔는데 뉴욕과 뉴저지에 거주하는 한국교민들도 여러 분 오셨다. 서교수와 나의 발표 후 역시 매우 열띤 질문과 토론이 이어졌다. 박박사와 서교수와 나는 열심히 질문에 답했다. 분위기가 너무 뜨겁고 많은 분들이 정렬적으로 참여해서 시간 가는 줄 모르다가 다 끝나고 보니 9시 반이나 되었다. 여러 한국분들이 다가와 우리가 하는 일에 대해 고마움과 응원의 말씀을 해주셨다. 그중에 뉴저지에서 오신 50대 중반의 두 분은 역사공부 모임을 한다면서 우리가 쓴 글들이 한 줄기 희망의 빛 같았다면서 과분한 칭찬을 하셨다.

행사를 주최했던 헨리 임 교수가 뉴욕에서 남북관계 개선을 위해 일하는 몇몇 젊은이들과 우리를 근처 식당에 데리고 가 간단한 맥주를 곁들인 저녁식사를 했다. 식사 후 호텔에 돌아오니 벌써 자정을 넘긴 12시 30분. 다음날 일정 때문에 아침 일찍 나서야 하는데, 긴장과 열정이 가시지 않았다. 바로 잠을 이

룰 수 없어 셋이서 이야기를 나누다가 한시간쯤 뒤에야 오지 않는 잠을 청하러 갔다.

10월 1일 (금)

새벽 5시 30분에 일어나 샤워를 하고 짐을 챙겨 로비에 내려오니 유리창 밖엔 장대비가 내리고 있었다. 우산을 가진 박박사가 밖에 나가 불러온 택시를 타고 뉴욕역에 가서 6시 45분 샬로츠빌 행 기차에 몸을 실었다. 피곤이 밀려와 우리 셋 모두 잠에 떨어졌다. 9시경에 정신을 차리고 일어나 식당칸에서 간단히 아침을 때우고 다시 자리에 앉았다. 서교수는 그레그 전 대사에게 전화로 어제 아침 모임에 나와주신 것에 대한 감사와 함께 열정적이었던 유엔과 뉴욕대의 발표장 분위기를 전했다.

정오경에 기차는 워싱턴을 지나 버지니아주로 넘어갔다. 박박사는 오늘 버지니아대 물리학과에서 열릴 콜로퀴엄이 가장 중요하다며, 물리학자와 물리학과 학생들에게 나의 결과를 검증받을 텐데 떨리지 않냐며 농을 걸어왔다. 나는 뭐 담담했다. 홈그라운드이기도 하지만, 무엇보다 결과에 자신이 있었다.

기차가 2시경에 샬로츠빌 역에 도착했다. 기차에서 내려 주위를 둘러보니 하얀 셔츠와 노란 꽃무늬 스커트에 썬글라스를 낀 아내가 자동차 문을 열고 문턱에 올라 두리번거리며 날 찾

버지니아대학 물리학과 콜로퀴엄에서 발표하는 이승헌 교수

고 있었다. 아내를 향해 서둘러 걸으며 나는 손을 흔들었다. 아
내도 날 보고 활짝 웃으며 손을 흔들었다. 아내가 요즈음 고생
이 많다. 내가 출장을 너무 많이 다녀, 두 아이 챙기랴 자기 연
구와 수업을 하랴 정신이 없을 텐데 힘들거나 싫은 기색 없이
내가 하는 일을 지지해주고 있는 게 고마웠다.

어젯밤에는 오늘 저녁에 있을 조그만 저녁식사 파티에서
대접할 음식을 장만하느라 잠도 별로 못 잤을 텐데 환하게 웃
으며 우리를 맞이하는 아내가 참 사랑스러워 보였다. 다가가
아내에게 가볍게 입을 맞추며 "I missed you" 했다. 아내는
"welcome back" 하고 환한 웃음을 지었다.

잠시 휴식을 취하라고 캠퍼스 옆에 위치한 호텔에 서교수와
박박사를 내려주고, 아내와 나는 학과에 있는 우리 연구실로

콜로퀴엄에 모여 진지하게 경청하는 청중들

왔다. 콜로퀴엄이 4시에 시작해서 별로 시간이 없었다. 나는 짐을 푸는 둥 마는 둥하고 곧바로 호텔로 갔다. 호텔에서 두 사람과 함께 학과 건물 쪽을 향해 교정 안을 걸었다.

버지니아대학은 미국의 제3대 대통령을 지낸 토머스 제퍼슨이 낙향 후에 직접 교정과 건물을 설계하고 세운 학교로 유명하다. 건축에도 일가견이 있던 제퍼슨은 교정에 유럽풍의 건물과 파도 같은 담장들을 세웠고 곳곳에 아기자기한 정원들을 만들어놓았다. 여러 정원 중에 큰 정원 하나를 지나며 양쪽 가의 계단과 잔디밭과 꽃 그리고 나무가 조화를 이루고 있는 정원을 잠시 감상했다.

3시 15분, 내 연구실에 도착해서 실험실을 구경시켜주고, 콜로퀴엄이 열리는 강의실에 가서 우리 컴퓨터를 설치했다. 이런 모임에는 원래 사람들이 조금 늦게 오기 마련인데, 오늘은 왠걸, 4시 정각에 이미 70명가량의 사람들이 자리에 앉아 성황을 예고하고 있었다.

4시 정각에 바로 청중들에게 서교수와 박박사를 소개했다. 4시 10분이 되자 100명 정도의 사람들이 강의실을 거의 꽉 채웠다. 어제 뉴욕에서의 경험으로 볼 때 강연과 질문 시간이 예정된 시간을 넘어설 것 같았다.

서교수가 먼저 프리젠테이션을 했다. 서교수는 가벼운 농담으로 강연을 시작했다. 정치학자들은 물리학자들을 부럽게 생각한다. 왜냐하면 물리학자는 자연현상에 대해 정확한 이론을 세울 수가 있는 데 반해, 정치학자는 인간사회에 대해 그런 시도는 해보지만 실제로 그것을 이뤄낼 수는 없기 때문이다. 사실 자신은 학부 때 물리학을 전공했다. 그런데 당시에 과학이 정치에 악용되었던 '스타워즈 프로젝트'를 보며 정치학에 뛰어들게 되었다는 말을 했다. 관중들이 서교수의 농담에 웃으며 재미있어했다. 난 이런 가벼운 농담으로 분위기를 자연스럽고 부드럽게 하는 서교수의 능력이 참 부럽다.

서교수가 어뢰 폭발에 대해서 아무런 정황적이고 물리적인 증거들이 없다는 내용의 강연을 한 후 내가 '1번 어뢰'와 관련한 합조단의 주장에 대해 우리의 검증 결과를 강연했다. 강연이 끝난 것은 4시 50분. 원래는 5시까지 10분간 질문시간을 갖는데 오늘은 질문이 많아서 5시 15분까지 연장되었다. 열기가 대단했다.

강연에 참석한 모든 과학자, 과학도들이 우리의 주장에 수긍하는 듯했다. 여러 동료 교수가 다가와 동의한다는 말을 해주었다. 핵물리학을 연구하는 동료 B교수는 부시 행정부 때 파월 국무장관이 유엔에서 이라크가 화학물질을 만들고 있다는 증거로 보여준 밴(van)이 자기가 어렸을 때 농장을 하던 부모가 유독성 농약을 나르던 밴과 똑같이 생겨서 믿을 수 없었다며, 우리의 주장에 신뢰를 표시해주었다. 컴퓨터를 들고 내 사무실에 오니 바로 옆 사무실에 있는 입자이론물리학을 하는 동료 A교수가 와서 우리에게 강연이 너무 흥미롭고 좋았다는 말을 해주어서 마음속으로 큰 힘이 되었다. 대학에서 전문학자들을 대상으로 발표를 하고 그들의 지지와 동의를 이끌어낸 것은 무엇보다도 큰 의미가 있었다. 적어도 과학자들의 식견과 지식의 차원에서 우리의 입장을 분명하게 검증받은 것이기 때문이다. 더구나 이들은 정치적으로 어느 일방의 입장에 설 필요가 없는 사람들이므로 객관성을 보장해줄 수 있었다.

아내는 먼저 아이들을 데리러 나갔다. 우리는 학과장 푼 교수의 차를 타고 집에 왔다. 아내가 딸을 목욕시키고 위층에서 내려오고 있었다. 아내가 서교수, 박박사와 이야기를 나누는 동안 난 위층에 가서 아들을 목욕시켰다. 아래층에 내려오니 딸은 손님들과 놀고 아내는 저녁식사를 준비하고 있었다. 나도 정신없이 식탁의 상차림을 준비했다. 오후 7시, 푼 교수의 가족과 동료 갤러거 교수 내외가 왔다.

아내가 여러가지 음식을 마련했다. 모두 식탁에 앉아 와인잔을 들고 음식 장만에 수고한 아내에게 감사의 건배를 한 후 식사를 시작했다. 저녁을 들며, 앞으로의 천안함사건의 전개, 한반도 정세 등에 대한 토론을 했다. 주로 물리학자들은 묻고 서교수와 박박사가 자신들의 의견을 이야기했다.

파티는 10시 30분경 끝났다. 서교수와 박박사는 호텔로 가고, 나는 아내와 함께 설거지를 했다. 어제와 마찬가지로 길고 고되었지만 보람있는 날이었다. 이틀간의 강행군은 물리학자로서 연구와 학문활동을 해온 지금까지의 인생에서 잊지 못할 특별한 일이 될 것 같다.

10월 2일 (토)

아침 9시, 호텔에 가서 서교수와 박박사를 데리고 시내에 있는 커피 전문점에 갔다. 커피를 마시며, 어제 강연 후 핵물리학자 B교수가 제안한 천안함 침몰원인에 대한 가능성을 검증하기 위해 셋이서 간단한 계산을 했다. 곧 발표할 우리 보고서에 쓸 내용의 점검이었다.

11시경 역으로 갔다. 차시간을 기다리고 있는데 고체물리 이론을 전공하는 K교수가 뉴욕에 가기 위해 역에 왔다가 우리와 마주쳤다. 우리를 보더니 다가와 어제 강연 너무 잘 들었다고 했다. 박선원 박사가 K교수에게 내 과학적 분석을 어떻게 생각하느냐고 묻자, 그는 '1번' 어뢰는 허깨비라는 내 주장이 당연하다고 하며 서교수, 박박사와 침몰의 진짜 원인에 대해 이야기하고 싶어했다. 같이 기차로 가며 이야기를 했을 것이다.

시간에 맞추어 아내와 아이들이 손님들을 배웅하러 왔다. 출발시간이 되어 서교수와 박박사는 우리 가족과 작별인사를 나누고 플랫폼을 향해 K교수와 함께 걸어갔다. 저만치 갔을 때 딸아이가 큰소리로 "바이 바이"라고 다시 인사를 하자 서교수와 박박사가 돌아서며 크게 손을 흔들었다. 기차가 떠났다.

나는 가족들과 함께 구름 한점 없는 화창한 토요일 오후를 즐기기 위해 인근의 카터(Cater) 사과농장으로 차를 몰았다. 토머스 제퍼슨 생가 근처에 있는 농장에 오니 벌써 엄청나게 많은 사람들이 와 있었다. 도너츠와 사과주스를 사서 음악밴드가 노래를 부르는 잔디밭 한쪽에 앉아 간단히 요기를 했다.

멀리 앞에는 셰넌도우(Shenandoah) 산맥이 보이고 산과 산사이의 넓은 평지에 제퍼슨이 세운 버지니아대학 건물들도 여럿 보였다. 딸과 아들은 저만치에서 땅에서 무언가를 주우며 놀고 있었다. 아내가 옆으로 다가와 나를 기대며 앉았다. 팔을 둘러 아내를 안았다. 밴드의 통기타 소리가 들려왔다. 아내의 따스한 체온과 함께 행복감이 밀려왔다.

10월 9일 (토)

토요일 정오쯤 가족을 태우고 워싱턴으로 차를 몰았다.

그동안 박박사와 서교수가 천안함 침몰의 실제 원인이 무엇인지를 합조단의 최종보고서에 나온 데이터들을 자세히 분석하며 파헤쳐왔는데, 분석결과가 기뢰설을 뒷받침한다는 연락이 며칠 전 왔다. 러시아 전문가팀의 결론과 같은 것이었다. 박박사는 새로운 천안함 항적일지와 당시 백령도에서 근무했던 사병의 진술 사본도 입수했다. 이 새로운 증거들은 합조단의 '근거리 어뢰 폭발설'에 심각한 문제점을 드러내고 있었다.

이러한 내용과 양박사와 나의 '1번' 어뢰에 대한 분석을 종합하여 우리의 종합보고서를 내기로 했다. 그리고 그 핵심 내용을 내일 워싱턴 주재 한국 특파원들을 상대로 기자회견을 통해 발표하기로 했다.

오후 늦게 워싱턴 부근의 한 호텔에 도착했다. 짐을 풀고 가족과 시간을 보낸 후, 밤 10시경 호텔 로비에서 박박사를 만났다. 우리의 보고서 일은 박박사가 매우 주도적으로 진행했다. 며칠 밤을 꼬박 새우며 우리의 의견들을 종합하고 새로운 사실들을 검증하며 보고서 초안을 썼다. 그러다 보니 보고서 분량이 100페이지가 훨씬 넘었다.

하나 재미있는 것은, 합조단이 발표한 최종보고서에는 실제로는 합조단의 결론을 뒤집는 씨뮬레이션 결과나 EDS데이터

등이 실려 있다는 것이다. 이는 합조단 실무과학자들은 양심적으로 모든 자료들을 다 주었고 합조단 고위관계자들은 이를 종합하는 단계에서 자기들에게 불리한 자료들을 구별하지 못하고 모두 다 보고서에 실은 것이 아닌가 하고 여겨졌다.

우리의 보고서는 아직 문장이 매끄럽지 않은 부분들이 있어 더 손질을 해야 했다. 우선 내일 기자회견에서 배포할 짧은 요지문을 손질하기로 했다. 자정을 넘겨 일을 마친 후, 박박사는 고2 아들을 위해 집으로 돌아갔다. (보고서는 이후 며칠간 서교수가 마지막으로 손질했다.)

10월 10일 (일)

일요일 아침은 아주 화창했다. 호텔에서 간단히 아침식사를 한 후, 아내와 두 아이들은 워싱턴에 있는 동물원에 가서 시간을 보내기로 하고 나는 기자회견장으로 갔다. 기자회견이 열리는 한 한국 음식점 앞에 도착하니 몇명의 기자들이 문 앞에 모여 있었다. 간단히 인사를 나누는데 박박사와 서교수가 도착했다.

10시 반부터 기자회견을 시작했다. 합조단 보고서에 발표된 절단면에 대한 씨뮬레이션, 물기둥이 없었던 것과 생존자·사망자들의 내상이 없었던 점 등은 '근거리 어뢰 폭발설'을 부인하고 '원거리 기뢰설'을 뒷받침한다는 것을 서교수와 박박사가 설명했다. 선저 20미터 부근에서 100kg 이상의 화약을 담은 기뢰가 터지면 10미터 이상의 파도가 생기고 이것으로 천안함이 세 동강이 날 수 있다는 것을 설명했다. 박박사는 자기가 입수한 새로운 정보들에 대해 설명을 추가했다. 우리의 설명 후, 기자들이 많은 질문을 했다.

회견을 마친 후 우리는 간단한 점심을 들었다. 시계를 보니 벌써 1시. 박박사가 나를 데려다주기로 해서, 둘이서 먼저 일어나 나왔다. 서교수는 자리에 남아 기자들의 질문에 더 답을 했다. 박박사가 차를 몰고 동물원에 도착하니 1시 40분경. 박박사가 우리 가족과 서교수 내외를 저녁식사에 초대했다. 조금 있다 저녁에 보자고 인사하고 가족과 만나기로 한 장소로 뛰어갔다. 원숭이들이 있는 곳이었다.

한 20분을 기다리니 저만치서 아내와 딸이 아이스크림을 하나씩 들고 유모차를 끌며 걸어오고 있었다. 아들은 유모차 안에서 곤히 잠들어 있었다. 서로 함박웃음을 지으며 반갑게 손을 흔들었다.

저녁 때는 박박사 부인이 마련한 맛있는 음식들을 먹으며 화기애애한 시간을 가졌다. 박박사 부인도 알고 보니 박박사 못지않으신 분이었다. 대학 때 공장에 들어가 노동운동을 한 경력의 소유자였는데, 매우 부드러운 분위기를 풍기는 분이었다. 요리 솜씨도 일품이었다. 서교수 부인은 젊었을 때 유엔 NGO에 소속되어 중동 팔레스타인에서 일하고 지금은 한반도 주변 국제관계를 연구하고 있다. 평생 물리학 연구만 해온 아내와 나에게는 참 신기하고 열정적인 삶을 살아온 분들이었다.

늦은 밤 아쉬운 작별인사를 했다. 서교수는 뒤에 남아 보고서 요지를 더 손질하기로 했다. 우리의 보고서 분량이 100페이지가 넘어 정리를 한 다음에 책으로 내기로 셋이서 의견의 일치를 보았다. 우리의 보고서가 앞으로 천안함의 진상을 밝히고자 하는 사람들에게 좋은 출발점이 되었으면 한다.

아내가 차를 몰았다. 두 아이들은 뒷좌석에서 잠이 들었다. 아내는 동물원 구경도 했고 좋은 분들과 즐거운 시간도 보냈다면서, 참 괜찮은 주말여행이었다고 말했다. 나도 아주 좋은 평생 지우들을 만난 것 같다고 아내에게 말했다. 서울 모 대학 학생회가 부탁한 강연과 한국 모 방송에서의 인터뷰 약속이 남아 있지만, 나의 천안함사건과의 연관은 이제 막을 내리고 있는 것 같았다.

나의 몫은 끝났다. 몇가지 남은 일을 정리하는 데 시간을 쓰고 이제 본연의 연구로 돌아가야 한다. 어둠속에서 차들의 헤드라이트에 어렴풋이 비치는 버지니아 농장들이 그것을 나에게 일깨워주고 있었다.

10월말경에 한국에 잠깐 들렀다. 일본에 연구실험차 왔다가 실험을 마치고 한국의 부모님을 뵙기 위해 들른 것이다. 전에 약속했던 모 대학 공과대학 학생회가 부탁한 천안함사건에 대한 강연도 할 겸. 강연이 열리는 강의실에 도착하니 시험기간이고 시간도 저녁때여서 그런지 기대한 것보다 적은 수의 학생들이 와서 조금은 실망스러웠다.

하지만 예기치 않게 나의 강연 전에 이과대의 두 학생이 '1번' 글씨와 관련한 송태호 교수의 주장에 대해, 열물리학적 고찰과 흡착물질과 연관된 실험결과를 주제로 발표를 하였다. 두 학생의 결론은 나의 결론과 일치하였다. 두 학부생으로부터 나의 결론이 맞다는 것을 검증받았으니 오길 잘했다는 농담으로 강연을 시작했다.

강연 후 학생들에게서 질문을 받고 대화하는 시간을 가졌다.

천안함사건의 진상규명을 촉구하는 대자보를 썼다는 공대 학생도 있었고, 이 사건을 계기로 과학적 사실을 정략적으로 왜곡 무시하려는 정치인들과 그로 인한 피해에 대해 자신이 취해야 할 태도가 무엇인지 구체적으로 느끼게 되었다는 법대 학생도 있었다. 학생들은 국내의 과학·공학자들이 천안함의 진실에 대해 아무런 언급이 없다며 자신들이 할 수 있는 일이 무엇인지를 물어왔다.

내가 무슨 말을 할 수 있겠는가. 단지 학생들에게 자기 전공을 열심히 하라고 했다. 덧붙여 강연회에 참석하게 된 마음을 잃지 말고 비과학분야의 책도 많이 읽어 인문학적 소양을 꾸준히 닦으라고 조언해주었다. 그 학생들이 사회문제에 대한 관심을 잃지 않고 자신들의 미래를 위해 학업에 충실하여 훌륭한 과학기술지식인이 된다면 언젠가 사회에 중요한 기여를 할 수 있게 될 것이다.

이과대 학생들의 발표에서 전두환정권 시절의 금강산댐 에피쏘드를 듣고는 새삼스러운 감회가 일었다. 한 학생은 당시 서울대 모 교수가 TV에 나와 금강산댐이 열리면 여의도 63빌딩 40층까지 물에 잠긴다고 주장했던 예를 들며, 과학이 정치에 부역했던 사례라고 지적했다. 과학자가 자신의 발언에 대해 무거운 책임감을 가져야 하는 이유가 여기에 있다.

한 지인으로부터, 10월 28일 합조단 단장을 지낸 윤덕용 교수가 포항공대에서 학부생을 상대로 천안함에 대한 강연을 하였다는 소식을 들었다. 그 강연을 들으면 이수학점을 받을 수 있어서 많은 학부생들이 참석했다고 한다. 교수들도 몇몇 오고 학교 행정관계자들도 왔다고 하며, 또한 포항가속기연구소의 연구원들, 포항공대 대학원생과 박사후연구원 등 소장 과학·공학자들도 다수 참여하였다 한다. 가장 인상적이었던 것은 윤교수의 강연 후 토론시간이 매우 격정적이었다는 사실이다. 소장학자 여러명이 자기소개 후, 즉 실명을 밝히고 자신들의 노트북을 들고와 그림 등을 보여주며 합조단의 데이터와 주장들의 모순점을 치열하게 지적하며 윤교수를 매우 곤경에 빠뜨렸다. 내 지인은 자기가 보기에도 민망할 정도로 소장학자들이 작심한 듯 통렬하게 토론에 임했다 한다.

특히 박병규 박사라는 분은 자신의 인터넷 필명이 Gaia라고 소개한 뒤(!), 데이터 조작이라는 말도 꺼내며 윤교수를 몰아세워 그가 당황해하자, 몇몇 교수들이 원로이신 윤교수께 무례하다고 꾸짖었다고 한다. 이게 무슨 말인가. 과학적 진실을 추구하는 데 무슨 쓸데없는 권위에 기대어, 진실을 추구하는 그 노력을 묵살하려 하는가. 미국에서 학위를 하면 나이에 전혀 상관 없이 지도교수를 포함한 모든 사람을 존칭 없이 그저 "철수야" 식으로 이름으로 부른다. 이는 단지 우리와 그들의 언어적 차이에서만 나온 것은 아니고 학문에 있어서 서로간의 평등한 관계를 말해주는 것이다. 그리고 학회나 쎄미나 등 발표 후 토론은 오직 무엇이 과학적 진실인지만을 따질 뿐이다. 이렇게 연령·직책에 대한 권위의식이 전혀 없는 미국 등지에서 학위를 마치고 돌아왔을 한국 교수들 중 일부가 권위의식을 갖게 되는 것을 보면 참 우스울 따름이다. 아무튼, 많은 사람들이 보는 가운데 실명을 걸고 당당히 과학적 문제제기를 했다는 국내 소장학자들의 모습을 보며, 조만간 이러한 학자들이 국내에서 봇물처럼 쏟아져나오지 않을까 하는 희망 섞인 생각이 들었다.

대학 강연을 앞둔 날 아침에는 항상 날 과분하게 아껴주시는 한 원로교수를 찾아뵈었다. 매우 반갑게 맞아주시며 6월에 내가 보낸 이메일에 답장을 못하신 데 대한 설명을 해주셨다. 당신이 고체물리분야 전공이 아니어서 EDS/XRD 데이터를 잘 이해할 수 없어, 나의 의견이 틀렸으니 하지 말라고 말할 수 없었다고, 그렇다고 나의 의견이 맞으니 열심히 하라고 말하자니 나의 안전이 너무 걱정되어 할 수 없었다는 것이다. 언제 꼭 미국에 찾아가 나의 주장을 듣고 싶었다 하셨다.

내가 차분히 다시 설명을 드리자 이내 수긍을 하셨다. 또한 정치적인 차원을 떠나 과학자로서 사실은 사실이라고 발언하는 나의 행동에 대해 격려의 말씀을 해주셨다. 무고한 젊은 학도들을 간첩사건으로 엮은 동백림사건을 떠올리며 한국 체류 기간의 나의 안전까지 걱정해주셨다. 한국 물리학계가 검증할 수 있는 부분은 공식적으로 검증하면 어떨까 하는 말씀도 있었다. 언젠가는 그런 날이 있기를 기대해본다.

천안함사건에 대한 진실규명은 계속될 것이다. 천안함이 왜 침몰했는지를 파헤치기 위해서는, 모든 정보 즉 TOD동영상, CCTV, 어뢰 잔해의 1번 글씨, 흡착물질, 스크루 변형상태, 생존 병사들의 증언 등을 재점검하고 합조단이 발표하지 않았던 모든 정보들을 낱낱이 살펴보아야 한다. 이 과정에는 객관성을 보장하기 위해 군 당국은 진상조사단에서 철저히 제외되어야 한다.

침몰의 원인에 대한 이러한 진상규명과 함께 병행해야 할 것이 있는데, 그것은 데이터 조작 혐의에 대한 조사다. 이 '조작 혐의'의 진상은 과학의 재현성 때문에 언젠가는 꼭 밝혀질 것이다. 이것은 이명박정권이 한국사회에 준 '과학적' 선물이다. 이를 밝히기 위해서는 간단히 모의 폭발실험을 다시 하면 된다. 정부의 의지만 있다면 언제든지 할 수 있다. 이런 면에서 현정부에 감사한다. 그날이 오면 한국사회는 명실공히 참된 민주사회라 불릴 수 있을 것이기 때문이다.

대담

과학이 말해야 하는 것

과학이 말해야 하는 것

이승헌·이필렬

| 편집자의 말 |　　이 대담은 이승헌 교수와 이필렬 교수가 각각 미국과 한국에서 2010년 10월 18일부터 22일까지 이메일을 통해 1차로 질의·응답한 후 10월 26일 서울에서 만나 토론한 내용을 정리한 것이다.

이필렬
방송대 교수, 화학 및 과학사

이필렬 이승헌 교수님의 일기를 무척 흥미있게 읽었습니다. 저 또한 과학을 공부하고 대학에서 과학을 강의하고 있는 전공자의 한 사람으로서, 그리고 천안함사건의 진상에 대해 의문을 가지고 있는 시민의 한 사람으로서 이 교수님과 대화를 나누게 된 것을 기쁘게 생각합니다.

질문을 드리겠습니다. 재미(在美) 과학자로서, 어떻게 보면 본인과 직접적인 이해관계도 없는 상황에서 이렇게 천안함사건을 집요하게 추적해온 이유는 무엇인가요?

이승헌 저도 함께 대화를 나누게 되어서 기쁘게 생각합니다. 이필렬 선생님의 질문처럼 많은 분들이 그 점을 궁금하게 여기더군요. 한국에 사는 것도 아니고 자기 연구만 해도 할일이 태산 같을 텐데 공연히 천안함사건 같은 민감하고 위험한 일에 끼여든다고 말입니다.(웃음)

근래에 과학계에서 대형 데이터 조작사건들이 몇번 있었지요. 예를 들면 미국 벨 연구소의 얀 헨드릭 쇤(Jan Hendrik Schön)이라는 독일 출신 물리학자가 나노테크놀로지 분야에서 데이터를 조작해서『네이처』『싸이언스』등에 실었다가 가짜라는 게 밝혀진 사건과 우리가 잘 아는 황우석사건이 있어요. 두 경우 모두 나중에 과학계 내부에서 검증되고 거짓임이 밝혀져 논문들이 회수되고 과학계에서 영구 추방되는 걸로 사필귀정의 결말이 납니다.

이승헌
미국 버지니아대 교수, 물리학

  과학적 데이터의 조작이 국제무대에서 이용된 적도 있는데, 그 결과는 이렇게 간단하지 않습니다. 한 예가, 잘 알다시피, 부시 정권의 이라크 침공 직전에 당시 미 국무장관 콜린 파월이 유엔에서 이라크에 대량살상용 생화학무기가 있다고 주장한 것이죠. 당시엔 사담 후세인의 이라크가 유사시 45분 내에 생화학무기를 배치, 발사할 능력을 갖췄다는 식의 보도가 줄을 이었는데요, 이는 뒤에 모두 조작된 정보로 밝혀졌습니다. 결국 7년여 간의 전쟁을 통해 희생된 무고한 인명들에 대한 책임은, 당시 미국과 영국 등에서 무기 자문역을 했던 과학자들에게도 상당 부분 있다고 해도 과언이 아닙니다. 국제 외교장에서는 이라크전쟁처럼, 무언가 결정되고 실행되면, 무수한 인명피해

같은 매우 불행한 결과들을 피할 수 없죠.

천안함 침몰사건은 초기에는 정부가 보수언론들의 대북강경 노선에도 불구하고 제법 신중하게 접근하는 듯했는데, 5월 20일 합조단 중간보고서 발표 때 '1번' 어뢰에 관계된 이른바 '과학적' 증거, '1번' 표시와 흡착물질의 EDS데이터가 나오면서 북한의 어뢰 공격으로 단정지어졌어요. 그 '과학적'이라는 결론이 그후 정부가 외교무대에서 행동한 것들의 전제가 되었지요. 그런 상황에서 그 '과학적'이라는 정부의 주장을 검증하는 것이 과학을 연구하는 사람으로서의 당연한 사회적 책무라고 느꼈습니다. 과학이 정치에 악용되고 있는지의 가능성을 검증함으로써 과학의 존엄성을 지키기 위해서도 말입니다. 특히 전쟁 불사라는 말이 횡행해서 검증의 필요성을 더욱 절실히 느꼈지요.

왜 한국에는 과학자들의 실명 비판이 없을까

이필렬 이승헌 교수께서는 황우석사건과 천안함사건을 자주 비교하시는데, 둘은 비슷한 점도 있지만 차이도 꽤 있었던 것 같습니다. 황우석사건 때는 여와 야, 보수와 진보를 막론하고 황우석 교수를 치켜세웠고 모든 언론과 거의 온 국민이 열광했죠. 극소수가 황교수에 대해 비판했지만 반향은 거의 없었습니다. 이에 비해 천안함사건의 경우는 조사결과 발표 당시부터 야당과 진보세력 일부에서 계속 문제제기를 해오고 있습니다. 어떤 여론조사를 보면 국민의 70퍼센트 정도가 정부의 발표를 전적으로 불신하거나 반신반의하는 것으로 나타났습니다.

여하튼 황우석사태 때도 조작이 거의 분명하게 밝혀질 때까지 과학계는 침묵했습니다. 천안함에 대해서도 과학계는 침묵하고 있습니다. 과학자들로서는 천안함에 대해 발언하는 것이 더 어려울 것이라고 봅니다. 레드 컴플렉스도 있고 정권의 탄압도 예상되기 때문이죠. 그런데 황우석사건 때는 과학계가 왜 그토록 침묵했을까? 이에 대해서 좀 생각해볼 필요가 있을 것 같은데요.

이승헌 황우석사건과 천안함사건의 다른 점은, 전자의 경우 생물학에 대한 전문지식이 없으면 이해가 거의 불가능한 반면에, 후자의 경우에는 어뢰가 터지면 당연히 생겨야 할 100미터의 물기둥 같은 일반인도 쉽게 이해할 수 있다는 내용이 많다는 점일 겁니다. 그래서 허점투성이의 정부 발표를 보고 겨우 30% 정도의 사람들만 그 발표를 믿는 거겠죠.

황우석사건의 경우는 전공자들 이외의 국민들 대다수가 전문적인 의견을 가질 수가 없었고, 우리나라가 세계적인 첨단과학 분야에서 선도적인 역할을 했으면 하는 기대 때문에 황우석씨를 믿고 싶어하지 않았나 합니다.

이필렬 공교롭게도 당시 황우석 교수에 대해 가장 먼저 문제제기를 한 사람이 바로 저였습니다.(웃음) 당시 제가 『교수신문』에 기고한 칼럼을 통해 난자 제공의 윤리적 문제를 제기했고 이런 점들이 『네이처』에 기사로 실리기도 했지요. 이승헌 교수의 글에 나오는 『네이처』 데이비드 씨라노스키의 기사나 Bric에서의 논쟁 또한 제가 글을 발표한 뒤에 터져나왔고요. 지금이야 웃으면서 이야기할 수 있지만 당시에 저로서는 수많은 비판에 시달려야 했지요.

아무튼 쇤 스캔들과 황우석사건의 차이라면, 쇤의 경우 그의 실험을 재현해보려고 했던 다른 과학자들이 있었다는 것입니다. 그 연구팀들은 지속적으로 쇤의 실험을 재현하고자 시도했고 거기서 쇤의 연구결과를 증명하지 못하면서 그의 거짓이 밝혀지게 되지요. 하지만 황우석사건의 경우 우리나라에서는 다른 과학자들의 재현 시도가 아예 없었습니다. 워낙 정부와 언론에서 황우석이 굉장하다고만 띄워주는 식이었죠.

이승헌 그러셨군요. 무척 고생하셨겠습니다. 아무튼 두 사건의 공통점은 전문가든 비전문가든, 진실에 대한 자신의 의견을 확신할 수 있는 사람들은 발언하고 있다는 점이라고 봅니다. 황우석사건 때는 Bric이라는 웹싸이트를 통해 젊은 생물학도와 생물학자들이 끊임없이 문제점을 제기했구요, 천안함사건의 경우에는 Scieng 싸이트 등에서 전문가와 일반 상식인들의 문제제기가 있어왔지요. 그런데 한국에서는 과학계에서 실명을 건 문제제기가 거의 없다시피 한데, 이런 점이 쇤 스캔들과 대비되지요. (이 대담을 마치고 며칠 후인 10월 28일 윤덕용 단장이 포항공대에서 천안함에 대해 강연을 할 때 몇몇 젊은 과학자들이 실명을 걸고 합조단 데이터의 조작 가능성을 제기하며 윤단장을 곤경에 빠뜨렸다는 소식을 들었다.──이승헌)

쉰 스캔들의 경우에는 같은 미국 내의 리디아 쏜(Lydia Sohn)이라는 프린스턴대의 물리학 교수가 실명으로 처음 문제를 제기했어요. 이어서 코넬대의 폴 맥언(Paul McEuen) 교수를 비롯해서 많은 물리학자들이 쉰 논문들에 있는 치명적인 문제점들을 제기하지요. 그러자 쉰이 속해 있던 벨 연구소에서 공식적인 위원회를 구성해 자체조사를 벌입니다. 위원회는 쉰에게 쌤플들을 비롯한 모든 정보의 제출을 요구하는데, 쉰은 발뺌으로 일관합니다. 합조단이 모의 폭발실험에서 나온 흡착물질을 다 썼다고 하듯이, 쉰은 쌤플들이 다 없어졌다고 주장합니다. 4개월간의 치밀한 조사 끝에 위원회는 쉰이 24가지의 부정을 저질렀다는 보고서를 냅니다. 그 결과를 토대로 7개의 『네이처』 논문, 8개의 『싸이언스』 논문 등 무려 21개의 논문이 회수되고, 쉰에게 박사학위를 주었던 독일의 콘스탄츠(Konstanz)대학은 학위를 박탈합니다.

이렇게 미국의 경우는 과학자들이 실명을 걸고 과학적 문제제기를 하는데요, 아마 미국 과학계가 훨씬 크고 다양하다는 점, 그리고 한국에 만연된 인정주의보다는 과학의 존엄성와 엄밀성에 더욱 가치를 두는 미국 과학계의 분위기가 작용한 것이 아닐까 합니다. 한국에서는 실명을 걸고 남을 비판하면 학계에서 왕따를 당하거나, 자신의 연구비나 자신이 속한 조직의 연구비를 따는 데 불이익을 받을 수 있다는 우려 또한 심한 것 같습니다.

그래도 황우석사건 때나 천안함사건 때 Bric이나 Scieng 등의 웹싸이트를 통해서 과학·공학도들이 익명으로라도 문제제기를 하고 있지 않습니까. 황우석사건 때는 서울대에서 조사위원회를 구성해 자체조사도 했지요. 이런 면에서 저는 한국 과학·공학계의 앞날을 희망적으로 봅니다. 그래도 한국사회에서는 학계가 다른 분야보다는 낫다는 생각도 있구요.(웃음) 정치인들 중에서는 최문순·박영선·이정희 의원 정도만이 계속 문제제기를 하지 그밖에는 별다른 발언들이 없지 않습니까. 당연히 해야 되는 국정조사도 하지 않고요. 그리고 검찰 또한 죽은 권력만 조사하지 살아있는 권력은 손도 못 대고 있죠.

이필렬 덧붙이자면 황우석사건 뒤에 한국 과학계에서 조작에 대한 인식이 확산된 것이 다행이라고 봅니다. 그 사건이 터진 뒤에 실제로 과학계의 조작에 대한 논의가 많이 이뤄졌습니다. 말씀하신 쉔 스캔들도 언론에서 자세히 다뤘고요. 언론에서도 그동안 암암리에 숨겨져왔던 한국 과학계의 연구조작에 대해 분석하는 기사들을 내면서, 이에 대한 대중적 인식의 저변이 넓어졌습니다. 일례로, 연구자들의 자기표절 등은 아예 근절되지는 않았지만 이제 한국에서 무척 금기시되는 일이 되어버렸죠.

과학의 사회참여에 대한 냉소적 시각

이필렬 선생의 일기를 보면, 한국의 가까운 교수들에게 천안함사건과 관련된 이메일을 보냈더니 그들은 이승헌 교수에게 "용감하거나 심심하거나 한 거 아니냐"는 대답을 합니다. 약간 냉소적인 말로 들리는데요. 이 부분을 읽다보니 제가 70년대 학생운동을 하던 시절의 같은과 친구들을 몇해 전에 만났던 일이 떠올랐습니다. 그중 한 친구가 저에게, 아직도 여전하냐는 투로 물었는데요. 당시 과학분야 교수들이 저희에게 항상 하시던 말씀이 있었어요. 과학하는 사람들은 사회문제에 관심을 둘 필요가 없다는 것이지요. 아마 당시 학생들도 그 영향을 꽤 받았을 겁니다. 그러니 자신도 과학자가 된 후에 계속 그렇게 생각을 하고 그런 말을 반복하는 것이겠지요. 그런 사람들이 보기엔 이승헌 교수의 모습을 냉소적으로 평할 수 있을 것 같았습니다. 그 의미를 어떻게 해석하세요?

이승헌 동의합니다. 과학계가 기본적으로 보수적이지요. 그러나 제 글에서 나오는 C교수의 말은 그런 식의 냉소적인 투는 아니었습니다. 순전히 농담이었어요.(웃음) 그 말을 한 C교수와 저는 그런 말을 주고받고도 남을 정도로 아주 절친한 사이입니다. 공동연구도 많이 했고 또 하고 있고요. 그후에도 C교수와는 계속 연락하고 있습니다. 제가 연락했던 분들 모두는 자신의 정치성향과 심중에는 관계 없이 학자의 양심에 입각한 저의 행위에 대해서 동의와 격려를 해주었어요.

물론 그렇다고 학계에 있는 대다수 교수들이 저의 주장을 동조한다는 이야기는 아닙니다. 제가 아는 한국의 교수 인원수와 성향은 한정되어 있구요. 최근에 한국에 정기적으로 들어가 장기 체류하며 한국내 인맥이 나보다 훨씬 넓은, 북미에 있는 절친한 물리학자와 이야기를 나눈 적이 있어요. 자기가 천안함에 대해 한국에 있는 물리학 교수들과 이야기를 했을 때 느낀 것은 상당수의 교수들이 비과학적인 태도를 보였고 그래서 실망이 컸다는 것이에요. 합조단의 과학적 데이터에 문제가 있어도, 결정적 증거가 없어도, 의당 북한의 소행일 거라는 심증을 가진 사람들이 있었다는데요. 그런 심증만 가지고, 설령 합조단이 잘못한 게 있더라도, 결론은 역시 북한의 공격이 아니겠느냐고 넘겨버리는 교수들을 보며 절망스러웠다고 하더군요. 그러한 비학자적이고 비과학적인 태도를 가진 일부 극우보수적인 교수들까지 변명해주고 싶진 않습니다.

고의적인 데이터 조작인가?

이필렬   합조단의 주장을 반박하기 위해서 여러가지 실험들을 직접 하셨는데, 제한된 조건에서 실험실에서 하는 실험이 당시의 복합적이고 가변적인 사건현장의 사고를 재현하는 데 어떤 한계가 있지 않을까 하는 것이 일반인들의 생각입니다.

게다가 합조단은 이승헌 교수의 실험결과에 대해 무시하는 전략을 쓰면서 이런 일반의 생각들을 은연중에 이용하는 것처럼 보이고요. 이에 대해서는 어떤 의견이신가요?

이승헌　정성적인(qualitative) 차이냐 정량적인(quantitative) 차이냐 하는 문제를 이해하면 쉽게 납득될 수 있을 것 같군요. 이렇게 설명을 드리지요. 이번에 논쟁이 된 것 중 하나가 알루미늄의 수중폭발 결과에 관한 데이터였는데요. 알루미늄이 섞인 폭발물의 수중폭발에 대해서는 예전에 많은 연구가 있었습니다. 이미 발표된 모든 연구들의 결론은, 알루미늄은 폭발 후 결정질 알루미늄, 결정질 산화알루미늄, 비결정질 산화알루미늄의 혼합체로 바뀐다는 것입니다. 다시 말해 폭발시 알루미늄이 100% 산화되지 않고 산화된 알루미늄도 100% 비결정질화되지 않는다는 것이지요.

그런데 합조단이 중간보고서를 발표한 5월 20일경에 윤덕용 단장은 모 일간지와의 인터뷰에서 알루미늄이 100% 산화되었고 또 100% 비결정질화되었다고 하면서 이것은 "세계 최초의 발견"이라고 했어요. 그게 사실이라면 세계 유수의 과학잡지에 투고하여 실릴 만한 건데요. 왜냐하면 그 결과는 기존의 결과와 근본적이고 '정성적'으로 다르기 때문입니다. 기존의 결과들은 불완전 산화인데 합조단 주장은 완전 산화, 그것도 완전 비결정질로의 산화거든요.

그래서 합조단의 이런 주장을 검증해보기 위해서 제가 실험을 했습니다. 폭발과정에서 알루미늄은 고열용융과 급랭각을 거치기 때문에 이것을 실험실에서 재현하고자 할 때 생각해야 할 점은 두가지예요. 첫째, 알루미늄의 녹는점(~660℃)보다 온도를 높여야 하고, 둘째, 급랭시켜야 한다는 겁니다.

저의 실험 결과, 결정질 알루미늄과 결정질 산화알루미늄이 생겼지요. 다시 말해, 합조단의 주장처럼 폭발시 알루미늄은 100% 비결정질 산화알루미늄이 되지 않는다는 것입니다. 제가 실험해보니, 알루미늄 중 40% 정도만 산화되었어요. 이 결과는 기존의 결과들과 '정성적'으로 맞는 겁니다. '정량적'으로는 다를 수 있지요. 다시 말해 산화되는 알루미늄의 양이 40%가 아닐 수는 있다는 겁니다. 그러나 합조단이 주장하듯이 100% 산화는 말이 안됩니다. 그렇게 되면 정성적으로 다른 결과가 나온 겁니다. 불완전 산화와 완전 산화는 정성적으로 다르지요.

합조단도 자체적으로 모의 폭발실험을 했는데, 결과는 결정질 알루미늄이 나왔어요. 알루미늄이 100% 산화되지 않았어요. 정성적으로 나의 결과와도 일치하고, 기존의 결과와도 일치하지요. 그것을 내가 지적하면서 합조단이 스스로 모순에 빠졌다고 하자, 합조단은 결정질 알루미늄이 나온 이유에 대해 XRD 실험을 할 때 알루미늄 판때기를 대었기 때문이라며 말도 안되는 이야기를 했습니다. 본문에서 언급했던 몇가지 과학적 상식으로 볼 때 그것은 믿기 힘듭니다. 그래서 저는 그렇다면 알루미늄 판때기를 대지 말고 다시 실험하라고 공개적으로 요구했는

데 합조단에서는 일언반구도 없어요. 저는 합조단의 모의 폭발 실험에서 나온 흡착물질의 EDS데이터가 조작된 거라고 확신합니다.

그리고 합조단 최종보고서에서 발표된 흡착물질 열처리 실험조건과 저의 열처리 실험조건은 똑같아요. 고열처리 후 서서히 냉각을 시킨 조건이 똑같아요. 그 부분에 대해서는 합조단의 실험조건이 다르다는 유치한 변명이 적용되지 않지요. 다시 말하건대, 합조단이 제가 틀렸다는 것을 증명하려면 방법은 아주 간단해요. 모의 폭발실험을 공개적으로 다시 하면 되지요. 정부는 그 실험을 간단히 수행할 수 있는 물적 인적·자원이 있잖아요. 그런데 그것을 하지 않는 것은 저의 주장이 맞다는 반증 아닐까요. 이것은 과학자로서의 명예를 걸고 하는 말입니다.

이필렬 확실히 하기 위해서 질문을 드리는 것인데, 합조단이 재실험에 응하지 않았다고 해서 데이터의 조작이 있었다고 확신하는 것은 비약이 아닐까요? 논리적인 면에서만 보면, 조작이 없었다고 해도 재실험 요구에 응하지 않을 수 있으니까요.

이승헌 데이터 조작을 확신하는 세가지 이유가 있습니다. 첫째, 합조단의 데이터가 과학적으로 설명이 불가능합니다. 둘째, 저를 비롯한 과학자들의 문제제기가 있었을 때 과학적으로 납득할 만한 답이 전혀 없었습니다. 셋째, 객관적으로 제시된 대안에도 일체의 대응이 없었다는 점입니다. 이승헌이 틀렸다면 틀렸다고 데이터를 들고 와서 쉽게 재반박할 수 있는 문제인데 그들은 전혀 반박하지 못하고 있습니다.

실험이 실수였을 수도 있다, 그러니 이를 의도적인 조작으로 봐서는 안된다, 조작이라는 표현은 심하지 않냐는 질문도 가능하다고 봅니다. 하지만 문제는 실수라고 이야기할 수 없는 이유가 있다는 것입니다. 합조단의 자체 폭발실험 결과 산출된 EDS데이터가 천안함과 어뢰의 흡착물질의 EDS데이터와 동일해야만 어뢰가 폭발했다는 합조단의 주장이 성립하는 상황이었습니다. XRD실험도 마찬가지입니다. 저는 합조단의 과학자들이 XRD실험에서 알루미늄 판때기를 댔다고 하는 말을 믿지 않습니다. 다만 그들은 자신의 주장이 성립되기 위해서는 그렇게 말해야만 했습니다. 이렇듯 그들이 그렇게 주장했던 동기는 명확했습니다. 실수가 아니었어요.

이번 국정감사에서 보니 한나라당이 이종인 알파잠수기술공사대표를 추궁하는 방식은 세가지더군요. 하나는 '어느 당이냐?'며 소속을 묻는 사상검증입니다. 둘째는 '전문가인가?'라고 묻는 식의 권위주의에 기대기, 셋째는 '직접 폭발실험을 해보고 하는 소리냐?'는 식의 태도였습니다. 첫번째 태도는 거론할 필요도 없는 반인권적 발언이고, 두번째는 이종인씨는 이문제에 있어 누구 못지 않은 과학적 탐구정신을 보여주지 않았냐고 되묻고 싶네요. 세번째는 물리학의 정성적인 부분을 이해하지 못하는 국회의원과 이를 반복해서 재생하는 언론사들의 무교양에 문제가 있다고 봅니다. 이러다보니 국민들은 이를 진실게임인 양 결론이 나지 않는 어려운 문제로만 바라보게 되는 것이죠.

이필렬 문제를 자꾸 전문적이고 복잡하게 만들어서 본질을 흐리고 누구의 주장이 맞는지 모르게 만들어서 대중으로 하여금 싫증을 느끼게 하는 것이 전형적인 수법이죠. 이번 사건에서의 또다른 쟁점은 발견된 어뢰 잔해에 씌어진 '1번'이라는 표시에 관한 것입니다. 여기에 대해서도 이승헌 교수가 계속 발언해왔고 카이스트의 송태호 교수가 반론을 폈는데, 그때 쟁점이 됐던 '1번' 표시가 왜 타지 않고 남아 있느냐, 버블 팽창이 가역적 과정이냐 비가역적 과정이냐 하는 토론은 한국 물리학회에서 개최하는 게 바람직할 것입니다. 독일의 경우에는 1980년대에 핵폐기물 처분의 안정성 논쟁이 있었을 때 독일 물리학회에서 위원회를 만들어 연구한 후 위험성에 대해 발표한 일이 있습니다. 그러나 현실적으로 한국의 물리학계에서는 이 문제에 대해 나서지 않았고 앞으로도 나서지 않을 것 같습니다. 그게 어려운 이유나 학계의 문제점 같은 것이 있을 것입니다. 이에 대해 어떻게 생각하시나요?

과학계는 왜 침묵하는가

이승헌 그런 해법에 동의합니다. 다른 것은 몰라도 폭발 직후 버블 팽창이 가역적이냐 비가역적이냐는 것은 물리학의 기초적인 문제이니까 물리학계가 나서면 금방 해결이 되지요. 서울의 모 대학에 있는 이론물리학자가 저에게 익명을 조건으로 L군과 저의 주장이 맞다는 의견을 보내왔는데요, 개인이 실명으로 직접 나서기 힘드니 물리학계에서 나서야지요. 한국 국회, 특히 여당이 그러하듯이 한국 물리학계도 책임을 방기하고 있어요. 이유야 여러가지가 있겠지만 아무래도 가장 큰 이유는 한국 물리학계가 매우 작다는 데 있지 않나 합니다. 한 사람 건너면 모두 아는 사이고, 정부와의 관계가 경제적으로 종속적이고 해서 개인이나 개별 조직이 자유롭고 독립적인 발언을 할 수 있는 분위기가 아닌 것 같습니다. 매우 아쉬운 일입니다.

이필렬 관련해서 말씀드리면 "4대강사업은 대운하사업이다"라고 내부고발을 한 건설기술연구원의 김이태 박사가 조직적인 보복과 핍박을 받는다는 보도가 나오고 있습니다. 이승헌 교수께서도 한국에 있었으면 김이태 박사보다 훨씬 더 심한 일을 겪었을지 모릅니다. 과학자들이 양심에 따라 행동한 댓가로 그러한 일을 겪지 않도록 하기 위해 할 수 있는 일이 무엇이 있을까요? 예를 들어 과학자들의 양심적 행동을 보호하기 위한 단체의 결성 같은 것이 필요할까요?

이승헌 민주적인 사회에서는 김이태 박사 같은 분이 불이익을 당해서는 절대 안되고, 오히려 표창을 받아야 정상이지요. 아무리 정부출연 연구소라지만 안타까운 일이 아닐 수 없어요. 국민들이 투표를 잘해서 과학자들도 자신의 양심에 맞게 연구할 수 있도록 하는 분위기를 만들어주는 정부를 세우는 게 최선인데요, 그리고 언론이 지속적인 관심을 가져주어야겠지요. 양심적인 행동을 보호하기 위한 새로운 단체의 결성보다는 한국 물리학회 같은 각 과학·공학계의 기존 단체 내에서 그러한 목적을 지닌 분과를 만드는 것이 한 방법이 아닌가 합니다. 최근에 미국 물리학회에서도 그러한 분과를 만들려는 움직임이 있습니다.

이필렬 그런 점에서 한국에는 이미 대전의 대덕연구단지 내의 연구원들을 중심으로 한 과학기술노조 등이 존재하고 있었다는 점을 말씀드리고 싶네요. 다만 이 단체 등 연구원조직이 전보다 더 활성화되어야 할 것이라고 봅니다. 미국이나 독일, 영국 등에서도 1960년대말에 그런 움직임이 있긴 했지요. 일례로 반전운동이 크게 일어났던 1960년대말 미국 펜타곤에서는 미 국방부가 지원하는 연구를 거부하는 움직임들이 있었습니다. 그렇게 거부했을 때 그 연구자들은 어떤 경제적 기반을 갖고 연구를 했을까라는 질문도 뒤따르게 됩니다. 독일에 그런 예가 있는데요. 독일에서도 무기개발 연구는 하지 않겠다는 연구자들이 있었고, 이런 연구자들에 대한 불이익을 막고자 설립된 단체가 있습니다. 주로 반핵 등의 사회적 발언을 주로 하는 단체인데요, 한국에서도 이런 단체가 필요하다고 봅니다. 기존의 과학기술노조가 나서려면 현재보다 좀더 활성화되어야 할 것은 분명하고요.

과학적 사고와 집단지성의 힘

이필렬 이번에는 좀더 근본적인 질문을 던져보기로 하죠. 과학자의 사회적 책임이나 양심적인 발언은 매우 중요합니다. 그러나 과학지식 자체에 대한 비판, 과학활동이나 제도 자체에 대한 성찰도 필요합니다. 천안함사건의 정부발표에 대한 과학적 측면에서의 비판은 매우 중요한 것이지만, 이러한 접근이 자칫 과학 또는 제대로 된 과학기술 전문인을 신뢰해야만 한다는 태도로 흐를 수도 있겠는데요. 예컨대 한국에서 핵폐기물을 놓고 논쟁을 벌일 때 원자력연구소나 한전 사람들은 과학자의 이야기를 왜 일반인이 의심하느냐는 말을 하는데, 이들의 말은 과학자는 반드시 옳다는 것을 암시하는 것이죠. 한마디로 과학에 대해 100% 의존해야 한다고 하면, 오히려 역작용이 있지 않겠냐는 질문입니다.

이승헌 과학지식을 포함한 모든 지식을 억눌러서는 안되고 어느 지식을 선택 이용하느냐는 사회 전체나 개개인이 결정할 문제라는 것이 제 입장이어서, 과학지식 자체에 대한 비판은 저는 비현실적이고 또 바람직하지 않다고 봅니다. 물론 사회의 전문가에 대한 맹신의 문제점에 대해서는 저도 공감합니다. 때문에 과학자들과 일반인들 간의 의사소통이 중요하고 거기에 있어서는 서로에 대한 신뢰와 애정어린 이해를 바탕으로 열린 대화를 하는 것이 중요하다고 생각합니다. 과학자들은 권위의식 없이 인내를 가지고 귀를 크게 열고 대화에 임해야겠지요. 이번 천안함사건의 전개과정에서 보았듯이, 과학적 사고 유무는 박사학위의 유무와는 별 상관이 없어요. 이 점을 명심하고 과학자들은 권위의식을 버리는 것이 중요합니다. 그것이 과학의 발전을 위해서도 유용한 일입니다.

이필렬 네, 이승헌 교수는 그런 점에서도 네티즌들의 집단지성이나 박사학위 없는 일반인들의 상식의 중요성 같은 것을 강조하셨습니다. 저도 공감합니다. 그런데 우리 현실에서는 '상식'이라는 것이 번번이 깨어지고 이른바 '이변'이란 것이 심심치 않게 일어나곤 하는데, 어떤 객관적 법칙성이 100퍼센트 재현된다고 믿을 수 있을까요? 물리학자의 입장에서 말씀해주시죠.

이승헌 일반 사회에서 일어나는 '이변'이라는 것들은 객관적 법칙이 깨져서 일어나는 것이라기보다는 고려해야 할 모든 요소들을 다 고려하지 않고 예측했기 때문에 그 예측이 틀려서 나타난 현상이 아닌가 합니다. 천안함 침몰사건은 과학적 인과관계와 재현성을 쉽게 볼 수 있는 경우지요. 예컨대, 합조단의 주장처럼 그 정도의 군함을 기존의 어뢰가 순식간에 침몰시키려면 100미터의 물기둥이 반드시 생겨야지요. 또 어뢰가 바로 밑에서 터진다면 충격파에 의해 죽은 병사들과 생존 병사들은 고막이 터지거나 아주 심한 내상을 입었어야 합니다. 그런데 그런 현상들이 일어나지 않았어요. 이런 것들은 상식인들이 이

해할 수 있는 부분들입니다. 물론 흡착물질의 EDS데이터, XRD 데이터 같은 것은 상식인들은 쉽게 이해할 수 없고 전문가들만 이해 가능한 부분들이지요. 그런데 침몰원인에 대한 어떤 가설이 맞으려면 이 두 부분, 즉 상식인이 이해할 수 있는 부분과 전문가들이 이해할 수 있는 부분 모두를 불일치 없이 설명할 수 있어야 합니다.

한국 네티즌들의 문제제기 과정은 과학자들의 연구과정과 비슷했습니다. 문제점을 발견했을 때 제기를 하고, 그것에 대해 공개토론을 해서 모든 사람이 납득할 수 있는 결론을 도출하는 과정이지요. 물론 잘못된 정보에 의해서 잘못된 결론을 내릴 경우도 있는데 그것은 전문가와 비전문가의 협력에 의해서 걸러질 수 있지요. 천안함 침몰사건은 재현 가능합니다. 특히 합조단의 모의 폭발실험의 경우엔 더더욱 재현성이 있지요.

일본 과학계에서 배울 점

이필렬 이승헌 교수께서는 일본에서도 연구활동을 많이 하셨죠. 한국과 일본의 과학적 풍토를 비교하자면, 일본에는 사까따 쇼오이찌(坂田昌一)나 유까와 히데끼(湯川秀樹), 타께따니 미쯔오(武谷三男) 등과 같이 명성과 신망이 있는 물리학자들이 있었습니다. 그들 중 사까따 쇼오이찌는 일본의 원자력 문제 등 사회현안에 대하여 적극적으로 문제를 제기하는 등의 활동으로 유명합니다. 이와 같은 사회적 참여와 발언의 영향이 여전히 일본 과학계에 남아 있는 듯합니다. 2008년 노벨물리학상을 수상한 일본 학자들도 사까따의 제자라고 하지요. 이들이 그의 사상적 영향도 받았다면 일본의 물리학계가 꽤 독립성을 가질 수 있겠지요. 한국에서는 비판적이며 사회적인 발언을 하는 과학자들이 많지 않고 이러한 지적 전통도 약한 편인데, 이런 것들은 어디서 연유한다고 보시나요?

이승헌 일본 현대과학의 역사는 100년이 훨씬 넘지 않았습니까. 서구에서 상대성이론과 양자론이 나온 것이 20세기초의 일이니 일본의 과학사를 볼 때 일본이 서양의 과학을 쉽게 따라잡을 수 있지 않았나 합니다. 그 오랜 역사 중에 언급하신 명망과 신망이 있는 물리학자들이 생겨나서 지금의 독립적인 학계의 전통이 형성되었는데요.

이필렬　맞아요. 한가지만 더 예로 들자면, 2차대전이 끝난 뒤 일본의 과학자들은 군사주의에 동참했던 과거사를 반성하며 민주과학자연맹(League of Democratic Scientists)을 만들어 활동하기도 했습니다. 이런 활동 또한 그들의 독립성이라는 전통에 기여했을 것입니다.

이승헌　네, 긴 세월만이 그 전통을 만든 것이 아니고 지각있는 학자들의 양심적인 행위가 그런 전통을 세웠다는 말씀은 과학자들 모두가 명심할 필요가 있습니다. 이 천안함사건을 계기로 한국 과학계에 과학의 존엄성과 과학인으로서의 자긍심을 소중하게 여기는 좋은 토양이 형성되기를 바라마지 않습니다.

이필렬　본문에서 일본 토오꾜오대학 관계자들이 이승헌 교수의 과학자로서의 양심적인 회견을 지지해주고 더구나 있을지도 모르는 외부의 공격에 대비해서 경찰의 보호까지 요청해주겠다고 하는 것을 보고 여러가지 생각이 교차했습니다. 한국에서는 거의 상상할 수 없는 일이거든요. 예를 들어 지금도 한국에서는 국정원에서 어느 대학 총장실을 찾아가 그 대학의 어느 교수를 만나고 싶다고 하면 총장실은 그 교수에게 어떻게든 연락을 취해 만남을 갖게 합니다. 이처럼 한 기관이 다른 한 기관을 대하는 방식, 기관 내부의 구성원간 의견전달이나 조율 방식에 관한 룰은 여전히 확립되어 있지 않습니다. 이런 면에서는 일본이 훨씬 선진적이라는 생각이 들고, 거기에서 일본사회의 저력이랄까 하는 것을 느낄 수 있었습니다. 이승헌 교수께서 보시는 일본의 과학연구의 여건이나 풍토에 대한 생각은 어떠세요?

이승헌 앞서도 말씀드렸듯이 우선 탄탄하게 축적된 역사가 큰 역할을 했을 겁니다. 좀더 구체적으로는 일본의 장인정신에 주목할 필요가 있다고 봅니다. 일본에서 지내면서 지켜보니, 요리사부터 청소부까지 모두 자신의 일에 깊은 자긍심을 품고 있더군요. 제가 만난 과학자들도 그랬습니다. 자기 책임감이 뚜렷하고 자신이 그러하다 보니 다른 과학자들도 그런 잣대로 판단하고, 즉 남이 자신보다 실력이 있다고 하면 그것을 확실히 인정해주는 식입니다. 연구자들끼리 경쟁이 치열해지면, 흔히 서로 깎아내리거나 남의 연구성과 등을 뺏을 수도 있다고 생각하겠지만, 일본에서는 이를 확실히 인정하고 존경하는 풍토가 있어서 좋았습니다.

하나 더 언급하자면, 예를 들어 제가 머물던 토오꾜오대 연구소에는 내부 승진이 없습니다. 즉 조교수가 부교수로 올라가려면 다른 대학으로 자리를 옮겨 그곳에서 부교수가 되어 활동하다, 잘하면 부교수나 정교수로 올 수 있습니다. 그래서인지 토오꾜오대에는 쿄또오대 출신이 많습니다. 이러다 보니 교수 집단 내의 패거리정치가 설 자리가 없습니다. 속된 말로 동종교배는 있을 수 없는 것이지요. 실력은 없어도 내 후배니까 끌어줄게라는 식의 문화는 한국보다 훨씬 적다고 보시면 됩니다.

어느 대학을 나왔든, 공대를 나왔든 다른 전공을 했든 실력이 있다면 인정한다는 거지요. 이런 것들이 연구의 자율성에서 중요한 토대가 된 게 아닐까 생각합니다.

이필렬　교수의 승진 씨스템은 독일과 마찬가지군요. 한국의 경우는 요즘 들어 연구실적을 따지면서 점점 개선되어간다고는 하지만, 오래전부터 내부승진이 일상화되어 있다고 볼 수 있습니다. 그러다보니 자연히 집단의식이란 것이 생기고 남을 비판하는 일도 조심스러울 수밖에 없는 분위기가 생겨나지요. 더구나 사회적으로 민감한 사건, 예컨대 천안함사건 등에 대해서는 개인적인 입장을 드러내기가 그리 쉽지 않았을 것이라고 봅니다.

다시 화제를 천안함사건으로 돌려보면, 천안함사건에 대한 정부 발표를 믿는 것과 믿지 않는 것은 상당부분 정치적 태도에 달려 있다고 보는 시각도 있는 것 같습니다. 북에 적대적인 태도를 지닌 사람들은 정부 발표를 믿을 것이고, 북과의 관계 유지를 중시하는 사람들은 대체로 정부 발표에 회의적일 거라고 보는 입장인데, 이렇게 정치적 입장에 따라 믿고 싶어하는 바가 달라지고 그에 따라 객관적 진상의 중요성이 상대화되는 데 대해서 어떤 생각을 하시는지요?

이승헌　남북분단 상황이 야기한 안타까운 현상인데요, 이제까지 북한에 연계된 사건들은 그러한 시각이 남한사회를 분열시키고는 했지요. 하지만 천안함사건의 경우에는 70%의 국민들이 정부의 일방적이고 비과학적인 주장을 믿지 않는 것에서 볼 수 있듯이 상황이 조금 희망적입니다. 이것은 아까도 언급 했듯이 천안함사건의 과학적 측면이 진상을 규명하는 데 결정적이고, 일반 상식인들도 탐구하고 이해할 수 있는 부분이 많기 때문이라고 봅니다. 천안함사건의 진상규명이 중요한 이유가 여기에 있다고 하겠습니다. 과학적 검증을 통해 진상을 규명할 수 있고 그것을 통해 그동안 되풀이되어왔던 정치적 선입견에 의한 진실의 왜곡과 축소, 상대화에서 벗어날 수 있지 않을까 합니다.

이필렬 이승헌 교수님의 입장에서는 과학적으로도 상식적으로도 도저히 말이 안되고 더구나 데이터 조작의 혐의마저 있다고 판단되는 이런 일들이 한국 내에서 그리고 국제적으로도 마치 진실인 양 버젓이 통용되는 데 대해서는 어떻게 생각하십니까? 과연 무엇이 가장 큰 문제라고 보십니까?

이승헌 일차적인 요인은 이명박정권과 보수언론의 정치·경제적 공동 이해관계에 의한 정언유착이라고 봅니다. 6월초까지 대북강경노선을 줄기차게 부르짖고 선도하던 보수언론은 전문가들의 문제제기가 본격화된 후에는 침묵 모드에 들어갔지요. 전문가들의 주장을 제대로 기사화하지 않고 무시전략으로 들어간 거예요. 언론의 임무를 철저히 방기했는데, 이 정도면 제 입장에서는 언론이라고 불러줄 수 없지 않나 싶습니다. 정치단체의 선전지에 불과하지요. 이러한 상황에서도 70%의 국민들이 정부의 주장을 믿지 않는 것은 경이롭고 그만큼 한국 국민의 의식이 성숙하다는 걸 의미하지 않나 합니다. 비록 지금은 진실이 가려져 있지만 그것이 드러나는 것은 단지 시간문제일 뿐입니다. 인류의 역사가 그것을 증명해주고 있지 않습니까?

진상규명 작업에서 만난 평생 지기들

이필렬 이번 천안함사건의 검증과정에서는 이승헌 교수를 비롯해서 서재정 교수, 박선원 박사, 양판석 박사 등의 협동작업이 매우 돋보입니다. 이 분들과 공동작업을 하면서 느낀 점이나 에피쏘드가 있다면 말씀해주시죠.

이승헌 전혀 예기치 않았던 환상적인 팀이지요. 두 사람은 사회과학자이고 두 사람은 자연과학자인데, 각자의 전공들이 천안함사건의 진상규명에 필요한 대부분의 주요 분야를 커버하고 있어요. 아이디어들도 많아서 서로의 의견을 토론하고 검증해줄 수 있었습니다. 같이 일한다는 게 서로에게 매우 큰 힘이 되었어요.

출신지역도 두 사람은 경상도, 두 사람은 전라도이고, 정치성향 또한 진보와 중도보수가 모여 있지요. 인위적으로 만들려해도 만들기 힘들었을 그런 환상적인 팀이 만들어져 함께 일하다보니 저절로 개개인의 학자적 양심이 고양될 수 있었다고 봅니다. 세분들께 감사한 마음입니다.

성격으로 보면 제가 가장 급한 편인 것 같고요, 그 다음이 박선원 박사인데 박박사는 뛰어난 전략가이고 핵심을 찌르는, 그러면서도 유머러스한 촌철살인의 문장력을 가지고 있어요. 박박사가 쓴 '한겨레 훅' 칼럼과 창비에서 나온 『천안함을 묻는다』에 실린 글을 읽어보셨는지 모르겠지만, 저는 그 글들에 나오는 통쾌한 문장들을 읽으면서 몇번이나 크게 웃었습니다.

양판석 박사는 아주 차분하고 꼼꼼하게 흡착물질을 파고 들었습니다. 그의 치열한 과학정신에는 경의를 표할 수밖에 없습니다. 전화나 이메일만 하고 아직 한번도 직접 만나지는 못했는데 조만간에 만나게 되길 바랍니다.

우리 중에 가장 연장자인 서재정 교수는 신중하고 부드러우면서도 흔들리지 않는 강인한 성격을 지녔습니다. 균형잡힌 시각으로 팀의 리더로서 전체를 잘 헤아리는 역할을 훌륭히 하셨지요. 만날 때마다 서교수는 뿌리 깊은 우람한 목련나무 같다는 느낌을 받습니다. 전형적으로 부드러우면서도 강직한 학자이지요. 천안함사건으로 인해 이런 좋은 분들을 평생 지기로 만날 수 있었던 게 제가 가장 감사하게 생각하는 점입니다.

이필렬 이제 대담을 마칠 시간이 된 것 같습니다. 이교수님과 대화를 나누다보니 한국의 과학계에서 아무도 발언하지 않았다는 사실이 다시금 의아하게 생각됩니다. 물론 기자의 취재에 응한 익명의 코멘트가 있긴 했지만, 천안함사건의 흡착물논쟁에서는 이승헌 교수와 캐나다의 양판석 박사만 등장한다는 사실이 안타깝습니다. 굉장히 고생하셨고 수고하셨다는 것 말고는 드릴 말씀이 없습니다. 끝으로 이 책의 독자들께 하실 말씀이 있다면 해주시죠.

이승헌 한국에서도 실명을 걸고 합조단 주장의 모순점을 지적하는 과학자들이 조만간에 나오지 않을까 하는 기대섞인 생각을 하고 있습니다. 누군가가 국내에서 물꼬를 트면 국내과학계에서 봇물처럼 논의가 활발해질 수 있습니다.

지난 5개월을 돌이켜보면 힘들 때도 있었고 보람도 있었고…… 그렇죠, 격려의 말과 글을 볼 때엔 힘이 생겼고, 과거의 친했던 몇몇 친구들은 소원해지기도 했습니다. 다시 이런 일이 생기면 또 뛰어들겠느냐는 자문도 해봤습니다. 하겠지요, 뭐.(웃음) 이번 사건은 참 독특한 사건입니다. 결론적으로 말하자면 한국정부는 패착(敗着)을 두었습니다. 과학을 끄집어내어 억지로 자기 주장에 갖다붙인 거죠. 아마 앞으로는 정부에서도 다시는 이런 식으로 과학을 함부로 끌어들여 정치적 소득을 얻으려는 일을 벌이진 못하겠지요? 이번 사건은 그런 점에서 선례를 남긴 것입니다. 물론 그렇기 위해서라도 진상규명 작업에 박차를 가해야겠지요. 그것이 저를 포함한 한국(출신) 과학자들의 사회적 책임과 소명이라고 생각합니다. 깨어 있는 시민들의 상식인으로서의 힘도 절실히 필요합니다.

역사란 한사람 한사람의 노력과 행동이 모여 이루어지는 것 아닙니까. 불의한 일이 벌어질 때 단 한사람이라도 자신의 양심을 발판으로 힘껏 발언하고 행동하면 그것이 모여, 먼훗날 우리 아이들과 또 그들의 아이들 세대가 지금의 역사를 읽을 때, 슬픔과 좌절이 아닌 자긍심과 희망을 느낄 수 있게 되겠지요. 그렇게 되길 진심으로 바랍니다. 그리고 그것이 이루어지도록 노력하시는 모든 분들께 감사를 드리고 건투를 빕니다.□

이 책이 나온 뒤 필자와 천안함사건에 관련된 몇가지 일이 있었다. 전자판 출간에 부쳐 여기에 그것을 기술하고자 한다.

1. 소위 '흡착물질'에 대한 과학적 결론: 양판석과 정기영의 연구결과

본문에서 기술했듯이, 합조단이 '흡착물질'이라고 주장했던 하얀 분가루 쎔플 중에서 천안함 선체와 어뢰 파편에 붙어 있던 하얀 물질들은 노종면 기자가 이정희 의원실을 통해 입수했다. 합조단이 공개한 그 두가지 쎔플의 '하얀 물질'이 과연 무엇인가를 밝히기 위해, 성분분석 전공자인 두명의 지질학자가 직접 실험했다. 그 용기있는 학자들은 캐나다 매니토바대학교 지질학과 분석실장 양판석 박사와 안동대학교 지구환경학과 정기영 교수다. 그들의 연구결과는 2010년 11월 『한겨레21』(836호)과 KBS 「추적60분」(11월 17일 방영)에 보도되었고 요점은 다음과 같다. 첫째, 그 물질은 합조단이 주장한 알루미늄산화물이 아닌 알루미늄황산수화물이다. 둘째, 그 물질은 폭발 후 고온에서 순식간에 형성된 흡착물질이 아니라, 섭씨 100도 이하의 저온에서 서서히 층층구조를 이루며 형성된 침전물질이다.

이 연구결과는 필자의 문제제기와 정확히 들어맞는다. 즉, 합조단이 펼쳐온 주장이 전적으로 틀렸음을 과학적으로 명확하게 밝힌 것이다. 합조단은 자신들의 모의폭발실험에서 나온 하얀 물질(C)을 여전히 공개하지 않는다. 다만 기존의 많은 연구와 필자의 알루미늄 용융실험에 따르면 폭발 후 만들어지는 물질(C)은 알루미늄산화물이어야 한다. 이는 천안함 선체에서 추출한 하얀 물질(A)과 어뢰 파편의 하얀 물질(B)이 모의폭발실험의 하얀 물질(C)과는 전혀 다르다는 과학적 결론을 이끌어낸다. 따라서 애초에 합조단이 C의 에너지분광(EDS)데이터가 다른 두 물질(A, B)의 에너지분광데이터와 똑같으므로 동일 물질이라고 주장했던 바는 과학적 진실이 아니라는 것이다. 이는 합조단이 모의폭발실험 후 작성한 에너지분광데이터가 조작되었음을 보여준다. 즉, 합조단은 A와 B가 폭발의 결과물이라고 주장하기 위해 C의 데이터를 조작했다는 말이다. 합조단이 C의 하얀 물질을 공개하지 않는 이유는 바로 이러한 과학적 사실을 숨기기 위해서였다고 추정할 수 있다.

「추적60분」에 따르면, 합조단에서 이 하얀 물질을 분석한 국방과학연구소 연구원들 또한 2010년 5월 20일 중간보고서 발표 이전에 이미 A와 B가 알루미늄산화물이 아니고 알루미늄황

산수화물이었음을 알고 있었다. 하지만 데이터 해석과정에서 알루미늄산화물이라고 우기는 윗사람들로 인해 그렇게 결론을 내리고 발표하게 되었다는 것이다. 참으로 어처구니가 없다. 이것은 사건의 결론을 '어뢰폭발로 인한 침몰'로 몰고 가기 위해, 데이터에 충실해야 하는 과학자의 기본을 저버린 행위로 개탄해 마지않을 일이다. 다행스러운 것은, 이러한 과학적 사실을 밝힌 두 지질학자의 용기있는 행위가, 침묵으로 과학의 사회적 책임을 철저히 외면한 한국과학계에 경종을 울리며 동시에 한국과학계의 미래에 대한 희망을 보여주었다는 점이다.

2.『조선일보』의 왜곡보도와 법정소송

2011년 3월 말 천안함사건 1주기를 맞아 각 언론사에서 특집기사를 보도했다.『조선일보』는 여기서 또 하나의 명백한 왜곡보도를 자행한다. 2010년 11월 중순에 발표된 두 지질학자의 과학적 결론에 대해선 일언반구도 없이, 필자가『조선일보』워싱턴 특파원이 전화로 끈질기게 요청한 인터뷰를 거부하는 과정에서 오간 이야기를 왜곡해 필자를 비롯한 과학자와 전문가들을 "과학적 소양이 없는 비전문가"라고 몰아세우는 데에만 초점을 맞추었다. 이는 기자의 사명을 저버린 행동 아닌가.

문제의 기사는 다음과 같다. 기사에는 필자가 "물리학자 명예를 걸고 말하는데 (천안함 잔해에 남은) 흡착물질은 조작한 게 틀림없다"고 말했다고 하고, 또한 "이 교수는 천안함 잔해에서 발견된 흡착물질이 북한의 어뢰 추진체에 남아 있는 물질과 동일하지 않다는 주장을 펴고 있다"(『조선일보』 2011.3.21)고 설명한다. 이 책의 본문을 읽은 독자라면 알 수 있듯이, 필자는 그렇게 주장한 적이 없다. 명백한 허위보도다. 그 기사가 나오자마자, 기사 아래에는 필자가 '실력도 없는 사이비과학자'라는 투의 댓글들이 달렸다. 『중앙일보』와 『한국일보』 기자들은 필자에게 이메일을 보내, 필자가 그렇게 주장했다는데 그에 대해 어떻게 생각하냐고 물어왔다. 참으로 어처구니가 없었다.

이 잘못된 언론권력을 깨지 않으면, 천안함사건 진실규명은 절대로 불가능하겠다는 생각이 절실히 다가왔다. 필자는 스스로를 힘없는 일개 과학자라고 생각해왔다. 반면 『조선일보』는 한국사회에서 막강한 힘을 지닌 언론권력이다. 그럼에도 불구하고 사법부에 호소하기로 결정을 내렸다. 고맙게도 인권변호사로 잘 알려진 최강욱 변호사가 이 사건을 맡아주었다.

먼저, 언론중재위원회에 정정보도를 요청했다. 결과는 매우 실망스러웠다. 만장일치 결론이 내려지지 않아 '조정불성립'되었다는 내용이었다. 전해듣자니 위원회 소속 몇몇이 사건의 본질과는 전혀 무관하게 필자의 사상을 검증하려는 듯한 질문만 던졌단다. 결국 최변호사와 상의해 형사 고소와 민사 손해배상 청구라는 방식을 택해 검찰과 법원에 호소하게 되었다.

2011년 6월 23일 서울중앙지검에 출두해 4시간가량 고소인 조사를 받았다. 담당검사는 필자의 책을 밑줄까지 그어가며 읽었던 모양이다. 소위 '흡착물질'에 대한 논쟁과 그 핵심을 어느정도는 알고 있었고, 관련하여 필자에게 진지하게 질문하기에 필자 또한 성심껏 답변해주었다. 하지만 '살아있는' 정치권력에 대해 한번도 제대로 조사해본 적 없는 한국검찰 아닌가. 그러다보니 담당검사가 보인 성의와는 달리, 판결에 대해서는 별 기대를 품지 않았다. 역시나, 중간에 그 괜찮은 듯했던 담당검사가 결정을 미룬 채 인사이동을 이유로 갑자기 바뀌고, 새로운 검사는 고소사실에 대한 『조선일보』의 거짓 변명을 아무런 추가조사 없이 그대로 수용해 무혐의 처분을 내렸다. 이에 우리는 바로 항고했지만 2011년 12월 말, 고등검찰청은 우리의 항고를 기각했다. 황당한 조치에 어안이 벙벙해질 따름이다.

민사소송에서도 별반 다를 게 없었다. 형사 때와 마찬가지로 담당판사가 문제의 핵심을 알고 있는 듯했다. 그리고 그 담당판사는 최강욱 변호사를 통해 필자와 『조선일보』가 타협을 보는 게 어떠냐고 조정(화해)을 권고했다. 『조선일보』의 해당 기사는 잘못된 것이 분명하니, 정정보도문을 싣고 얼마간의 금액을 필자에게 배상하는 것이 어떠냐는 제안이었다. 그러나 『조선일보』는 그럴 의향을 내비치지 않았고 조정은 결렬되었다. 그후 필자와 최변호사는 담당판사가 자신의 조정안에 따라 판결을 내릴 것이라 생각했다. 웬걸, 『조선일보』는 문제기사에 대한 정정문은 내야 하지만, 그 정정문은 단 두 줄로 매우 협소한 부분에 국한된 것이고, 우리가 요청한 좀더 긴 정정문, 즉 두 지질학자의 과학적 결론 등을 포함하는 정정문은 완전히 무시되었다. 게다가 해당 기사가 잘못되었을지라도, 필자에 대한 기자들의 명예훼손 의지는 없었다는 결론을 내리며 명예훼손건을 기각했다. 이에 대한 항소에서, 2012년 2월 3일 서울고등법원(문용선 부장)는 명예훼손건뿐만 아니라 1심에서 내린 정정보도건까지 기각하는 완전패소 판결을 내렸다. 조선일보의 명백한 허위사실 보도에 면죄부를 준 것이다. '이게 재판이야, 개판이지'라는 누군가의 말이 떠올랐다.

일정한 시간이 지나면 바뀔 수 있는 정치권력보다 그 힘의 기한을 알 수 없는 언론권력이 더 강하고 무서운 것일까. 사법부가 살아야 진실이 거짓을 이기고 사회에 정의가 바로 설 것이다.

3. 김어준, 선관위 사이버테러 사건(일명 디도스 공격)과 천안함

이명박정권이 저지른 비리들이 봇물 터지듯 드러나고 있다. 2011년 후반기 한국사회를 강타한 두 사건은 '내곡동 땅 매입'과 '선관위 사이버테러 사건'이다. 이 두 사건의 진실을 최초로 제기한 장본인은 바로 '나꼼수' 팀이다. 2012년 1월 현재 '나꼼수'의 영향력은 조중동을 포함한 모든 신문과 지상파 언론의 그것을 다 합한 것보다도 더 세다. 언론답지 않은 주류언론과 비굴한 사법부, 그로 인해 극에 달한 국민들의 불신이 '나꼼수 현상'을 만든 것 아닐까. 진실의 힘은 무엇보다도 강하다.

현 정권이 저지른 수많은 비리 가운데 아직 그 실체가 정확히 밝혀지지 않은, 가장 막중한 두 사건을 들라면, 단연 천안함 사건과 선관위 사이버테러 사건을 꼽을 수 있다. 두 사건 모두, 물론 그 진상이 낱낱이 밝혀지려면 시간이 걸리겠지만, 현 정권이 공공의 권력을 자신들의 정치적 이익을 위해 사사로이 이용해 민주주의의 근본을 흔들었다는 공통점이 있다. 한국사회의 미래를 위해 그 진상이 반드시 밝혀져야 한다.

2011년 말 '나꼼수'팀의 미국 워싱턴 공연 뒤풀이에서 필자는 김어준 총수와 대화를 나눌 기회가 있었다. 8월 중순 「김어준의 뉴욕타임즈」에 출연했을 때 처음 만난 후 오랜만의 재회였다. 필자가 먼저 말을 꺼냈다.

"선관위 사이버테러와 천안함사건은 사건의 본질이 같아요."
"네, 그렇지요."
"그것도, 둘 다 어찌나 허술하게 했는지……"
"하하하, 그러게 말이에요. 누군가 그것들을 자세히 들여다볼 거라고는 예상을 못했겠지요." (역시 김총수와 나는 통한다.)

모든 독자분들께 드리는 부탁으로 후기를 마무리하고자 한다. 천안함사건을 잊지 말아달라.

2012년 1월
샬로츠빌에서 이승헌

과학의 양심, 천안함을 추적하다 : 물리학자 이승헌의 사건 리포트

초판 1쇄 발행 / 2010년 11월 12일
초판 4쇄 발행 / 2012년 5월 22일

지은이 / 이승헌
펴낸이 / 강일우
책임편집 / 염종선 박대우
펴낸곳 / (주)창비
등록 / 1986년 8월 5일 제85호
주소 / 413-120 경기도 파주시 회동길 184
전화 / 031-955-3333
팩시밀리 / 영업 031-955-3399 편집 031-955-3400
홈페이지 / www.changbi.com
전자우편 / human@changbi.com
인쇄 / 영신사